U0564375

书山有路勤为泾，优质资源伴你行
注册世纪波学院会员，享精品图书增值服务

Mentoring Programs Practical Manual

企业导师制

实操指南

吴穗敏
秦文靖 著

以结构化在岗培训激活
组织赋能系统，批量复制人才

电子工业出版社
Publishing House of Electronics Industry
北京·BEIJING

图书在版编目（CIP）数据

企业导师制实操指南：以结构化在岗培训激活组织赋能系统，批量复制人才/吴穗敏，秦文靖
著. 一北京：电子工业出版社，2023.1

ISBN 978-7-121-44538-5

Ⅰ. ①企… Ⅱ. ①吴… ②秦… Ⅲ. ①企业管理－人力资源管理－指南 Ⅳ. ①F272.921

中国版本图书馆 CIP 数据核字（2022）第 214866 号

责任编辑：吴亚芬　　特约编辑：王　璐

印　　刷：三河市良远印务有限公司

装　　订：三河市良远印务有限公司

出版发行：电子工业出版社

　　　　　北京市海淀区万寿路 173 信箱　邮编：100036

开　　本：720×1000　1/16　印张：11.25　字数：189 千字

版　　次：2023 年 1 月第 1 版

印　　次：2023 年 1 月第 1 次印刷

定　　价：59.00 元

凡所购买电子工业出版社图书有缺损问题，请向购买书店调换。若书店售缺，请与本社
发行部联系，联系及邮购电话：（010）88254888，88258888。

质量投诉请发邮件至 zlts@phei.com.cn，盗版侵权举报请发邮件至 dbqq@phei.com.cn。

本书咨询联系方式：（010）88254199，sjb@phei.com.cn。

前　言

　　综观古今中外，导师对被辅导者的影响都极其深刻。在人的一生中，如果能遇到一位良师益友，会终身受益。这样的导师可能是人们进入成年时期前的父母、求学时期的老师，进入职场后遇到的直属上级或企业高管等。在我的职业生涯中，就有幸遇到了一位这样的导师。那是在 17 年前，在走了一大圈弯路进入人力资源领域后，我加入了一家法资公司。当时我的部门负责人是 Alan Tan。她，就是使我在人力资源工作上不断提升和精进的导师。在这家公司工作的十余年里，她不但一直给予我信任，而且十分善于根据我的能力水平给我成长的机会和空间，让我接受不同的挑战和历练，更是一直陪伴我成长。除在工作上得到她的指导和支持外，我们还建立了深厚的友谊，我们两家人会时不时地一起聚餐和交流。

　　也正是在这家公司，我开始深耕于人才发展领域。怀着希望他人也得益于导师带教辅导的初心，我陆陆续续启动了一些导师制项目。最深刻的一次导师制项目发生在 2008 年，当时公司从全国各大高校招聘了一批优秀的管培生，期望经过一段时间的培养，他们能够在各自的部门担任要职。作为管培生项目的负责人，我为这批学生设计了为期 6 个月的集训+导师制培养项目，具体包括：

　　1．组织拓展培训，帮助管培生完成从学生到职场人士的心态转变；

　　2．邀请公司高管给管培生进行公司文化、行业及业务状况、业务流程等内容的介绍；

　　3．为管培生指派导师进行在岗辅导培训，期望导师能帮助管培生顺利适应公司、独立上岗。

　　当时，拓展活动和高管培训都进行得非常顺利。但当集训完毕，管培生回到各自部门、各自岗位后，出乎我的意料，情况可以用"完全失控"来形容。很多管培生都向我吐槽，不是说导师没时间带教辅导，就是说导师带教的内容难懂，还有的说从导师那里根本学不到东西。

同样的问题也出现在之后的一个高潜人才导师制项目中。除了师徒配对之后的"完全失控"，高潜人才导师制项目还有一个突出的问题，那就是在导师辅导内容上没有规划，以至于师徒都在项目中迷失了方向，项目最终不了了之。

这两个导师制项目的失败，让我开始反思：作为一种重要的人才培养手段，导师制项目为何如此脆弱？为何如此容易失败？有什么好的方法可以推动其落地并成功呢？这些问题一直萦绕在我的脑海中，直到我在 2018 年遇到了雅各布斯教授（《结构化在岗培训》一书的作者）。在为他两天的公开课做了现场翻译工作，并深刻理解了结构化在岗培训的精髓之后，我终于看到了解决这些问题的一丝曙光。在那之后的 3 年多时间里，我把结构化在岗培训的精髓和要素融入了导师制项目中，并在不同企业、不同人群的培养中进行实践和迭代，形成了本书的核心方法论——推拉结合，软硬兼施，也开发出了用于实施嵌入结构化在岗培训的导师制项目 AD^{5}SE 模型，帮助企业导师制在企业中成功落地。

同样，怀着希望更多企业得益于嵌入结构化在岗培训的导师制的人才培养模式这一初心，我于 2021 年开始了本书的写作。正因为有这样的初心，我把本书定位为一本工具书。本书在把嵌入结构化在岗培训的导师制方法论讲解清楚（第 1 章）的基础上，对该方法论在企业的实施和落地流程、要点进行了详细介绍（第 2~9 章），并专门提炼了在企业导师制落地过程中容易踩到的 6 个坑及相应的避坑指南，在实施过程中用到的 8 个工具表单（附录 1~8），以及一些参考意义较大的样例和示例。同时，我还在本书中分享了大量的实操案例和名企实践借鉴（集中在第 10 章），力求让读者"一看就知道如何操作，一操作就理解其中的要领"。

在此，我要感谢在我写作过程中曾经帮助、支持我的朋友和家人。他们是：迈特管理咨询公司（简称迈特咨询）总经理罗胜飞，在我初步构思本书的结构和定位时，他给了我很多有价值的建议和意见；本书第二作者秦文靖老师，她是我实践嵌入结构化在岗培训的导师制的最佳搭档，她的工作让本书增色不少；我的客户，包括但不限于在本书中提及的客户，我分享了他们实践嵌入结构化在岗培训的导师制的经验；还有我的丈夫和我的两个可爱的女儿，在我为本书伏案的无数个日日夜夜，他们给予了我无限的支持和理解。

最后，期望本书能为企业的人才培养带来真正的帮助，也期望收到大家在实践嵌入结构化在岗培训的导师制过程中的心得。

吴穗敏

目　录

1 第 1 章　企业导师制概述

企业导师制，顾名思义，就是在企业内部开展的一种导师和学员之间持续互动的人才培养方式。我们将在本章全面地诠释企业导师制这个概念，因为这对有效开展企业导师制意义重大。

1.1　导师与导师制

导师制的发展历经了无数个春秋，古今中外，导师、师傅、老师、教练等这类肩负教育、培养、指导、引导职责的人与他们的弟子们都留下了许多故事，其中一些典故流传至今。

导师的英文单词是"Mentor"，关于这个英文单词的出处和来源，相传发生在古希腊的一段故事中。故事描述了在公元前 9 世纪，历经 10 年的特洛伊战争结束之后，英雄奥德修斯在凯旋返乡途中遭遇的种种磨难，以及又过了 10 年才得以回到家乡与妻儿团聚的过程。在这 20 年的光阴中，英雄奥德修斯的儿子得到了奥林匹斯十二主神之一雅典娜的化身门忒斯（Mentor）的指引和引导。"Mentor"这个词据说就被这样沿用在关于导师、师傅这类角色上了。例如，被后人广泛认为是西方哲学奠基者的"古希腊三贤"——苏格拉底、柏拉图、亚里士多德，三者之间是什么关系呢？苏格拉底是柏拉图的老师，柏拉图则是亚里士多德的老师。

在公元前 500 年左右的中国，孔子，这位万世师表的圣人，是当时最具代表性的导师之一。众所周知，孔子一生收徒约 3 000 名，培养了贤德之人 72 位。孔子不但培养了众多的学生，而且在实践的基础上提出了教育学说，为中国古代教育奠定了理论基础。

　　春秋战国时期，还流传有纵横家鼻祖鬼谷子与其名声显赫的徒弟孙膑、苏秦、李斯、张仪、毛遂等的故事。鬼谷子还被称为史上培养奇才最多的老师。

　　在我国民间，自古就有"师带徒"的历史传统，广为流传的匠人祖师爷鲁班当之无愧是传统技艺者的导师。

　　传统技艺中"师带徒"以口传手授为主要形式，并成为一种历史悠久的职业教育模式。直至今日，在民间和很多企业中仍然有师徒关系的存在和发展。世界各地的工匠技艺，如手工木匠技艺、手工皮匠技艺、手工乐器技艺等，以及中国民间传统艺术、民俗，如捏泥人、吹糖人、梨园戏曲等，都在由师傅一代一代地传授给徒弟，才使得这些技艺传世。在我们看来，这些都是以导师与徒弟两者之间的关系维系的模式。从师徒关系发展到形成相应体系的教育模式，则要追溯到大约 14 世纪的英国牛津大学。当时，牛津大学由学校发起了导师制，一组学生指定一名导师，导师与学生之间建立师徒关系，这是最早的院校导师制。经过几百年的发展，这种导师制的教育培养模式已经被全世界几乎所有的高校采用。单纯从导师制与师徒的关系来看，不难发现两者本质的区别是从二元关系转变成了三元甚至多元关系。也就是说，这种教育模式除了师傅和徒弟，还有第三方进行管理，如院校的教导处。正因为有了这样的第三方，管理才一再升级，最终形成了体系，从而更好、更快地培养人才，这也是导师制得以发展延续的推动力。

　　历史的车轮滚滚向前，第二次工业革命后，全世界各个国家的工厂、企业如雨后春笋般发展壮大起来，师徒关系的技艺传授模式首先在西方企业中得到了发展。现代企业管理与传统理念相互作用，从"传帮带"的导师制开始，逐步在 20 世纪 90 年代形成了相对完善的企业导师制。所谓"传"，就是指传授、传承；所谓"帮"，就是指帮助、帮辅；所谓"带"，就是指带领、引导。传统的"传帮带"经过现代企业管理的发展，增加了多元的关系，也被赋予了新的内涵。现代社会的平等观念，让师徒摆脱过去单向传递、单向要求的模式，要求师傅不仅对徒弟在业务技能上进行指导，也要在生活、思想上给予关心和引导。

1.2　企业常见的导师与导师制

● 【场景1】千头万绪，止于一端

某公司想开展导师制。可是，对哪些员工开展导师制更有意义、效果更好呢？

● 【场景问题解析】

很多人才发展工作者对于开展企业导师制有一定的了解，但于要针对哪些员工开展导师制，理解得还不太透彻。我们建议以终为始，明确企业当下的人才需求和培养目标，并基于此，选择开展不同类型的企业导师制进行人才发展的落地。企业导师制主流应用场景如图 1-1 所示。

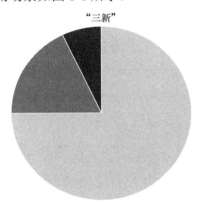

图 1-1　企业导师制主流应用场景

据笔者的不完全统计，在已开展企业导师制的企业中，约 75%选择针对校招生或社招新员工的场景，对"新人"开展企业导师制；约18%选择对新管理岗位的"新岗"员工开展企业导师制；约 7%选择对需要掌握某些"新技能"的员工群体开展企业导师制。

企业导师类型

从员工进入企业的发展时间轴和企业导师的应用场景来看，常见的企业导师有以下 3 类，称为"三新"导师。

▶ 新员工的导师

这里的新员工是一个相对广泛的概念，不但包含从学校、社会招聘进入企业的员工；也包含因在企业内部转岗而新进入某个岗位的员工。这类员工的共同特点是还未掌握或完全掌握岗位知识和技能、未胜任岗位工作、绩效未完全达标。对于新加入企业的员工，其导师一般分为技能导师和生活导师两类，有些企业会为新员工分别安排技能导师和生活导师，也有些企业会把这两类导师的功能合并在一名导师身上实现。技能导师也称作岗位带教导师，一般为组织内某个领域的骨干或被辅导者的上司，主要为新进入此领域的员工提供岗位所需的业务知识和技能等相关内容的带教辅导。生活导师也称作入职引导人，特别适用于校招生场景，一般由部门内的老员工担任。通常老员工对企业十分熟悉，对企业文化的认同度极高，且归属感强，相比其他人，他们更能胜任新员工生活导师的角色。生活导师能为新员工提供入职后工作和生活等方面的指引，注重陪伴新员工，帮助新员工尽快适应岗位要求，融入公司文化，注重关系、关怀、关爱；一般不要求他们对岗位的专业知识和技能进行带教辅导。

▶ 新管理者的导师

这类导师一般为职级相对较高的管理人员，他们可以为职级相对较低的新晋管理人员或管理人员后备人才（高潜人才）提供管理相关的辅导，注重管理技能、职业发展、人生方向、人际关系等方面的经验分享和指导。在企业的实际应用中，通常把此类导师融入一个周期为 3~18 个月的培养项目中，在培养项目中设计了集中授课、行动学习、自学、导师辅导等形式，旨在通过多样化的学习形式加速管理者的能力提升，促进管理者的晋升，为企业业务发展供应源源不断的管理人才。

▶ 辅导老员工学习新技能的导师

这种导师一般是年轻员工，他们可以为老员工提供与新观念、新技能相关的辅导，有些企业也称其为逆向导师。在企业中安排此类导师可以打通代际沟通，建立老员工的创新精神，增加接触新事物的机会，增强公司内部的多样性和包容性。年轻员工一般能向老员工传授的新知识和新技能包括但不限于互联网、新科技、新消费观念、自媒体、社区运营等，这对年轻员工来说是一个很好的锻炼和展现自己的机会；同时在师徒互动过程中，老员工也可以通过分享自己的工作经验和人生阅历，帮助年轻员工更成熟地思考与处理工作和生活中遇到的种种问题，更好地应对困难和挫折。需要提醒的一点是，此种导师形式开展得成功与否，与企业文化有很大的关系。通常企业文化比较开放、层级观念不强的企业在开展此种形式的导师制时相对来说更容易取得成效。

还有一些企业提倡"一岗多能"，鼓励老员工学习更多的新技能，以增强自身的竞争力，同时提升企业人员安排的灵活性，提升组织效能。此时导师和徒弟的配对可能是老员工之间的配对。此外，针对不同的技能，老员工之间可能互为导师/徒弟。这样的导师制不但可以激发老员工的工作热情和活力，还可以增进老员工在技术、工作、生活上的相互促进和深入交流。

导师与教练

谈到企业导师，不可回避的一个问题是：导师（Mentor）与教练（Coach）有什么区别？"教练"一词最早出现在 16 世纪，最初是指一种特定的马车。现在所说的企业教练则起源于 40 多年前。一般认为是一名叫添·高威的美国网球教练率先将教练技术从体育界引入企业界的。发展至今，教练技术在企业中的应用越来越广泛。例如，员工的上级通常被赋予帮助员工提升绩效的"教练"角色和责任；为帮助管理人员提升绩效而从企业外聘请"高管教练"。

一般认为，教练与被教练者之间的关系建立和维持相对短期，主要聚焦在帮助被教练者提升特定的绩效表现上；而导师更强调以促进学习为导向，与被辅导者之间的关系建立和维持相对长期，旨在帮助发展被辅导者的长期能力，包括职场和个人事务等更广泛的范畴。当然，企业可依据各自的习惯和业务特点，选择对促进他人学习的指导者的合适称谓。例如，在某些企业的以绩效改进为目的项目中；会为每个绩效改进小组配备一个指导人，其主要职责是在一个有限的时间段内帮助、辅导小组成员达成绩效改进的目的。但对于这些指导人，有些企业称为教练，有些企业则称为导师。

需要强调的是，导师在与被辅导者建立相对长期的关系的基础上促进其学习，这个定调很重要。建立相对长期的关系不但意味着导师和被辅导者双方需要投入时间建立彼此之间的关系，即师徒关系是双向作用的，双方除了工作领域，还可以在个人领域有更多的分享和探讨；还意味着企业导师制项目的发起人需要用更长远的眼光看待企业导师制的价值，因此在导师制项目组织过程中，发起人需要多地从帮助师徒双方建立与维护关系的角度思考和组织相关的活动。以上这些认知，对在企业内开展企业导师制项目有深远的影响。

企业导师制类型

从企业人才发展管理者组织培养项目的角度来看，常见的企业导师制分为一对一导师制、小组导师制、混合型导师制、多对一导师制 4 种。

➜ 一对一导师制

一对一导师制是最传统的导师制形式。毫无疑问，一对一导师制的师徒双方都能更加专注，更容易建立比较深入和互信的师徒关系，师徒之间的情感连接会更强。导师制项目的组织者选择一对一导师制时，需要考虑胜任的导师人数是否能够满足被辅导者人数的需求，以及是否有足够智能的跟进系统或足够多的人手跟进、监控导师制项目的全流程。

➜ 小组导师制

当企业里的胜任导师人数不满足被辅导者的人数需求，且有些被辅导者有共性的成长目标和需求时，可以考虑小组导师制。小组导师制通常由一位导师带领两位或两位以上的被辅导者就同一主题进行定期的辅导和研讨。这种情况在新员工，特别是校招生中尤为普遍。有些企业通常需要为短时间内集中加入企业的校招生配备导师，而导师的储备数量普遍不足，这时小组导师制就是一个比较好的选择。需要注意，开展小组导师制时，导师可能会因为业务繁忙或被辅导者人数过多而忽略与每位被辅导者建立关系，或者忽略被辅导者的个性化需求，从而影响辅导的效果。

➜ 混合型导师制

为避免一对一导师制和小组导师制的不足，有些企业会采取混合型导师制，也就是将一对一导师制与小组导师制搭配起来开展项目。在这种情况下，一对一导师甚至可以考虑让被辅导者互为对方的导师（有些企业称为同伴导师、"结对子"或 Buddy Program）。这样的安排一方面可以减轻小组导师在辅导时间上的压力，减少被辅导者对小组导师的依赖；另一方面可以降低对一对一导师的要求，也能更好地发挥一对一导师的作用。让同级、同辈的同事互为导师，可促使他们就同一领域的成长目标互相切磋、共同成长。如果安排来自两个不同领域的同伴互为导师，一个额外的好处是可以促进双方加强对彼此所在业务领域的了解及跨领域交流。

➡️ 多对一导师制

有些企业为了减轻导师的工作负担，会使用多对一导师制，为同一被辅导者安排两位或两位以上导师。最常见的是安排两位导师，称为"双导师制"。同一被辅导者的不同导师，基于辅导目的的差异，通常有着明确的角色和分工，如业务导师与人力导师、技能导师与生活导师，成长导师与专业领域导师等。这样做的好处是能在不同层面给予被辅导者高度的关注和指导，确保辅导的聚焦，同时也能减少主导导师的责任。但多对一导师制需要动用企业内较多的导师资源，造成导师的人力成本偏高。

在了解了企业导师和导师制的类型后，对你的启发是什么呢？企业可以根据启动导师制项目的目的、导师的应用场景，结合自身的需求，灵活选择不同类型的导师和导师制，并可进行组合。

📋【实操案例1】

某不动产投资与资产管理企业的管培生培养计划

某不动产投资及资产管理企业随着业务的裂变式发展，企业规模不断扩大，城市布局快速扩张，对人才储备提出了越来越高的要求。该企业自2016 年启动管培生招聘及培养计划以来，其培养项目在设计上朝着多样化和严谨化的方向不断迭代和优化。在 2021 年的管培生培养计划中，涵盖了轮岗、项目锻炼、行动学习、回炉答辩等全方位培养。在为期一年的培养计划中，该企业给每位管培生都安排了 1 位定岗导师和多位轮岗导师。其中定岗导师为主要指导人，由职能部门直线领导担任，对管培生培养期间的结果负责，需要参与管培生职业发展指导；轮岗导师为管培生分别到城市公司、项目公司和总部上下游部门轮岗的辅助指导人，负责帮助管培生在轮岗期间进行本专业/本岗位或跨专业/跨岗位领域的具体工作规划及工作指导，对轮岗期间的结果进行评估。定岗导师和轮岗导师均以技能辅导为主要目的，辅导过程中各司其职，共同促进管培生的能力提升和发展。

【实操案例2】

某大型啤酒企业的管培生培养项目

某大型啤酒企业在过去 20 年里业务发展迅猛，努力朝着"产品高端化、品牌多元化和国际化"的目标前行，对人才的培养和储备也表现出了前所未有的重视。在 2021 年的管培生项目中，该企业专门为管培生设置了 3 年的培养期，目标是加速管培生的能力提升，期望未来 10 年内在这批管培生中培养出企业高管人才。在前两年的轮岗培养中，该企业为每位管培生分别安排了业务导师和人力导师。其中，业务导师的职责是对管培生进行业务知识传授、业务技能辅导、业务管理能力促进，并实施管培生的月度考核；人力导师的定位则是企业战略文化的传导者、管培生职业生涯发展的辅导者、管培生学习活动的促进者及管培生职业健康的关怀者。由此看来，业务导师以辅导技能为主，人力导师则侧重在职业方向辅导和生活关怀上。

【名企标杆分享1】广获赞誉的通用电气逆向导师制

通用电气（General Electric，GE）的逆向导师制正是顺应时代变迁的产物。现在，新观念、新技能、新模式等一切新事物无时无刻不在挑战着企业的管理者们。由"90 后"组成的新生代员工逐渐成为职场的主力军，他们拥有独立的价值观，崇尚自由，兴趣广泛，可塑性强。因此，用好年轻一代，让他们为团队注入新的活力，成为 GE 以 CEO 杰夫·伊梅尔特为首的管理层决定发起"世界新动向"项目的重要原因。在这个项目中，可以着重关注"逆向导师制"在选、育、用、激励方面使用的"奇招"。

◆▶ 选

报名和推荐是常规的选拔方式，而让第一批 21 名 GE 逆向导师制员工脱颖而出的原因，是他们在 GE 当年年终"成长型价值观"考评中"想象力和勇气"这项测评获得了极高的分值。在这里，测评被运用到导师的选拔之中，而这一测评结果意味着，导师是一群对新事物充满浓厚兴趣的新生力量，是项目的目标人选。

◆▶ 育

21 名年轻的准导师被统一安排到了 GE 克劳顿村培训中心，在这里开展了一项以任务为导向的导师培训任务。任务是围绕"GE 需要做哪些改进"进行提案，并要求半个月后提交第一次报告，一个半月后向副总裁汇报工作进展，3 个月后向 CEO 伊梅尔特做汇报。他们得到的任务资源是，在项目中，公司全力配合他们完成任务，他们不需要考虑任何财力和人力限制。在这场无领导的任务活动中，GE 的 21 名年轻的准导师表现出了卓越的组织能力和团队协作能力。3 个月后，他们从 400 多个点子中挑选了 4 个票数最高、最有价值的建议方案，并向 CEO 汇报。最终，他们成功了。这次汇报不仅打开了 GE 高层管理者思维、认知层面的新大门，也启发了高层领导者更好地运用这群年轻人"逆袭"的功效。

◆▶ 用

在 GE 定期组织的全球总裁培训会上，每名年轻的逆向导师都会与一名总裁结对成为师徒关系。年轻导师会教授总裁"学徒"基础类新技能，如各种手机 App 的应用，特别是掌握社交媒体的应用。这些新技能让总裁"学徒"学会了如何利用新兴社交网络和年轻人沟通，如何利用新媒体来招聘员工、开展营销活动。逆行导师制的师徒之间也会有定期的交流，年轻导师每次都会准备好新的教学内容。有时，总裁"学徒"也会组织自己的管理团队，一起学习年轻导师的授课和分享。当总裁"学徒"在日常社交或家庭生活中遇到困难的时候，也会求助于年轻导师，如给即将成年的孩子选礼物。

◆▶ 激励

在年轻导师的激励上，GE 选择了最具持续激励效果的方式——成就价值。首先，21 名年轻导师提出的有价值的点子被印制成手册在公司进行分享和传播。其次，按照 GE 的规划，让高级领导者向年轻导师学习新事物的培养计划持续进行。最后，逆向导师制对公司和总裁个人都产生了积极的影响，各区的总裁复制自己的学习经验，在所辖管理范围内开展了逆向导师制，并邀请与他们结对的年轻导师为新的准导师分享经验和收获。逆向导师制成为 GE 人才培养的新潮流。

1.3　企业导师制的价值

历史表明，导师制在技艺传承、文化传播等方面都有着不可替代的价值和优势；而企业导师制作为当代企业的一种人才培养方式，与线上学习、课堂面授组合在一起，构成了完整的"721"学习法则[1]的学习闭环，可快速提升组织能力。具体来说，企业导师制的价值体现在以下 3 个层面。

企业层面

首先，通过企业导师制，企业可以固化岗位的操作流程和业务问题的解决方法，提炼成功的管理经验，萃取并传承组织的最佳实践。在笔者过去几年与企业导师制相关的微咨询项目中，大量的《××岗位在岗培训手册》《××管理层级导师辅导手册》被开发出来。这些手册不仅是导师带教辅导的重要指引和参照，还是企业内部传播最佳实践的材料。因为这些手册都是经过岗位上的业务专家、管理专家进行研讨和碰撞而共创出来的，代表了企业内部某个领域的最高水平，除了应用在导师培养学员的场景，还可以应用在其他人才培养、内部分享的场景。

其次，企业导师制能传承优良的工作作风和企业文化价值观，此种价值在新员工导师制中体现得特别明显。新员工，特别是校招员工，对企业的文化、运作一无所知，并且还没形成自己的工作习惯，所以导师对他们来说就代表了"公司"。在带教辅导的过程中，导师的言行举止、工作习惯、对公司/同事/事情的看法都会对新员工产生很大的影响，这就是言传身教的力量。如果企业在导师的选、育、用、留方面做得好，回报就是导师能把自己身上的好习惯、好作风传承

---

1 "721"学习法则是指：成人学习70%来自真实的生活经验，包括在工作中的任务、项目、轮岗等，强调在工作中的应用和实践（干中学）；20%来自他人的反馈及与其他角色榜样一起工作，并观察和学习该榜样，这些人包含上级、导师、同事及公司外的人群（人中学）；10%来自正式学习，包括培训、线上学习、自我阅读等（书中学）。

给新员工，也能帮助新员工建立正确的企业文化价值观。

最后，企业导师制做得好，带来的结果是员工之间的黏性更强，人员更稳定，企业运作效率更高，顾客更满意，企业业绩更好，良好的雇主形象自然也建立了。

导师层面

首先，对导师来说，企业导师制最直接的价值之一是把徒弟带教好，徒弟成长得快，就能成为导师的好助手，为导师分担工作，减轻导师的部分工作负担，让导师从日常工作中释放出来，做更有价值的事情。

其次，正所谓"教学相长"，导师在带教的同时，需要针对工作和管理中遇到的各种问题寻找新的解决方案，迭代传统的知识和改进老旧的技术。有些时候导师甚至还能从徒弟身上获得新的启发和灵感，不断完善和提高自身的知识技能。同时，导师在与徒弟互动的过程中，可以加强自身的沟通能力和管理能力，建立对管理工作的初步认识，还有可能帮助自己从技术职业发展通道走向管理职业发展通道。

最后，做好导师还能获得成就感。一方面，在导师文化比较浓厚的企业，成为导师代表被企业信任和肯定；另一方面，导师看到徒弟在自己的带教辅导下一步步成长起来，也会获得一种成就感。在一家大型生产制造型企业的一次导师赋能培训课程开班仪式中，该企业的人力总监做了一次导师制动员发言，他说自己在该企业工作超过 10 年，最大的成就是培养了两名优秀的学生，这两名学生现在都在企业担任要职。当这位人力总监谈起自己的这两名学生时，脸上散发出来的亮光用"成就感"一词来形容最贴切不过了。

被辅导者层面

首先，被辅导者通过接受导师的辅导，能够更快地适应企业环境、融入团队，也能更快地掌握工作所需要的知识、技能或管理能力，更容易独立上岗或胜任新的管理岗位，同时也能增强他们的自信心，坚定他们的职业发展方向。

其次，被辅导者通过与导师的朝夕相处，能从多方面、多事件体会导师身上的"软性"素质，包括导师的价值观、思考的逻辑和对事情的预判等。这一点是非常宝贵的。老高是一名来自一家世界 500 强企业的供应链总监。在他入行时，导师给他传授了一个很特别的经验，那就是跟级别比自己低的同事吃饭时一定要主动结账。这个经验帮助老高在企业里，特别是在新人中建立了良好的人际关系，为他日后顺利地开展工作夯实了人际关系的基础。

最后，导师制是以关系为基础的。师徒之间若能建立相辅（导）相成（就）的关系，则对双方，特别是对被辅导者来说，都是有利于成功的。导师给予徒弟心理上的接纳和支持，既能包容和接纳徒弟在成长过程中可能犯下的失误和错误，也能为徒弟提供一个倾诉困扰和寻求建议的渠道，最终还能切合实际地引导徒弟提出正确的或更优的解决方案。同时，徒弟还能间接地获得来自导师在组织内外部的各类资源的支撑和支持，并有可能获得更多的机会展示自己的才能。一句话，有了良好的师徒关系，被辅导者在企业的起步和发展就会更有底气和安全感，并且可以少走弯路。

1.4 企业导师制的成功要素

● 【场景2】推拉结合，软硬兼施

很多企业导师制在开展过程中，都出现了项目"流产"中断的现象。

● 【场景问题解析】

这类情况其实很普遍，企业投入了大量的人力、财力、时间和机会等资源开展企业导师制。然而，项目在开展过程中遇到了很多阻碍，最终导致项目不是"流产"就是效果大打折扣。这就如同种名品兰花，如果没有掌握植物的养护知识、播种时机与成长规律等要素并用心培植，名品兰花就无法成长为真正的"名品"。一套"推拉结合，软硬兼施"的功法，让我们在企业导师制开展的关键节点上得心应手。

企业导师制应用的常见痛点

从古代到现代，从西方到东方，从大学到运动界，导师制长盛不衰，说明了它的魅力。但当导师制被运用到企业，成为企业导师制后，在应用过程中却遇到了不少的问题。根据以往给各行各业做咨询项目和授课的经验，笔者发现导师制在企业中的应用往往存在以下几个痛点。

◆▶ 导师层面

很多导师经常这样说："我太忙了！业务压力很大，根本没有时间做带教辅导！"一般在企业中，选拔导师的首条标准，不是某领域的业务骨干，就是管理经验丰富的干部或管理人员，这两类人在企业中通常身居要职，业务繁忙，经常日常工作都忙不过来。要让他们在百忙之中承担"育人"的工作，除非他们有坚定而崇高的"育人"信念，或者受到企业内部的一些制度约束，否则他们很难自觉地花时间、花心思进行带教辅导。

另外，在部分导师心中，可能还会存在"教会徒弟，饿死师傅"的想法，这种情况更容易出现在岗位带教导师的身上。岗位带教导师的首要责任是把自己身上的"技艺"传授给徒弟，帮助徒弟尽快掌握岗位上所需的知识和技能，让徒弟独立上岗。如果企业的机制不完善，的确会出现徒弟成长起来之后与师傅竞争的情况。

还有一种情况，对一些导师来说，一提到"带教辅导"，他们就会充满无力感。他们虽然是某领域的业务骨干和管理人才，非常擅长做业务或精于管理，但当对徒弟进行带教辅导时，他们却一筹莫展。一方面，他们不知道在内容上应该如何对徒弟进行系统而高效的带教辅导；另一方面，他们不知道在态度上应该如何激发徒弟的学习热情。更糟的是，由于大部分企业都没有在企业导师制项目开展前给予导师带教辅导内容和技巧方面的指引与赋能，导致他们在传授有用技能的同时，也有可能传授了不良的工作习惯，给企业带来潜在的风险。并且大多数导师都具备教学、辅导、教练等相关领域的专业能力，所以在带教辅导过程中效率低下。在企业中普遍存在的现象是，"张师傅"与"李师傅"虽然都花了不少心思和时间在徒弟身上，但他们带出来的徒弟，对同一工作却有不同的理解和操作。

❖ 企业导师制项目组织者层面

对企业导师制项目的组织者来说，最痛苦的莫过于不知道导师到底是否在他们期望的时间节点按照项目的要求进行了带教辅导；即使导师提交了相关的带教辅导计划和记录，但组织者依然不太了解他们带教辅导的情况，更不知道带教辅导的效果。——跟进吧，量太大，或者地域分布太广，跟不过来；抽样观察吧，感觉导师对此有点敏感；通过访谈徒弟了解培训效果吧，比较费时和低效。所以，企业导师制一度以"过程黑匣子"出名，也就是说，导师带教辅导徒弟经常是项目组织者控制范围之外的事情。

在企业导师制项目实施过程中，组织者也会经常听到来自学员的反馈，如："导师没时间辅导我，他通常只是简单介绍一下，就给我交代一堆任务，我不知道怎么做的时候也找不到他询问；到了汇报的时候，如果他发现我没达到他的期望，他就会骂人。""导师教给我的套路，与经理讲得不一样，实在令我无所适从。""我来了几个月，感觉啥都没有学到，很浪费时间，我想离职了。"

企业导师制项目组织者在企业中也经常同时负责很多人才发展相关的工作或项目。与其他人才发展项目比起来，企业导师制项目实施周期更长，更容易出现"培训没有明确的目标和实施计划，随意性大，学习效果不可控"的情况。因此，企业导师制项目组织者常常需要花费更多的心思和时间，但取得的效果不如其他面授课程类项目，久而久之，他们的天平就倾斜到其他项目上了。

由此看来，厘清企业导师制项目的两大利益相关方——承担教学主体的导师和承担项目管理的组织者在整个项目中的角色和责任，以及关注导师和学员的投入、动力与体验，是实施企业导师制项目的成功要素。以导师和学员的体验为中心，就是要时刻思考导师和学员在企业导师制项目中的需求有哪些。设计者在设计企业导师制项目时需要关注和满足导师与学员不同时期、不同层面的诉求。

企业导师制项目的成功要素

这里给出了一个企业导师制项目成功要素的"推拉结合，软硬兼施"思考框架，如图1-2所示。

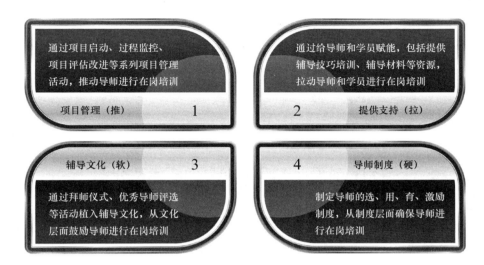

图 1-2　企业导师制成功要素的"推拉结合，软硬兼施"思考框架

推动逻辑

以项目管理的形式在企业内部开展企业导师制，这样可以通过项目启动、过程监控、项目评估改进等系列项目管理活动来推动导师执行带教辅导工作。有些企业通过"红绿灯"的形式来公布导师带教辅导的进展，对项目实施进行有效推动。

拉动逻辑

在企业导师制开展过程中，通过不同的形式给予导师和学员支持和赋能，如提供带教技巧培训、导师指导手册、帮助师徒建立关系等系列活动，让师徒有需要的时候，知道如何很容易地得到帮助和支援，从帮助师徒"能互动"到"多互动"，拉动项目实施。

软性因素

在设计企业导师制项目时，必须考虑的是企业内是否有师带徒的文化，企业内有没有这样的土壤让企业导师制植根。文化的培育是需要时间的，更需要企业从上至下的关注和投入，企业需要通过点点滴滴，如拜师仪式、优秀导师和优秀学员的评选等活动植入带教辅导文化，从文化层面鼓励导师进行带教辅导。

➜ 硬性因素

硬性因素指的是在制度层面保障企业导师制的落实。导师制度中需要给出清晰的导师选用条件、对导师的任用要求、如何培养导师、导师的考核和激励制度，确保导师的专业水平和带教辅导水平，规范导师的行为，激励导师进行带教辅导。

1.5 嵌入 S-OJT 的导师制项目 AD⁵SE 模型介绍

基于企业导师制成功要素"推拉结合，软硬兼施"思考框架，笔者开发了嵌入结构化在岗培训的导师制项目 AD^5SE 模型，目的是帮助企业有效开展企业导师制。

S-OJT 的起源

为了使在岗培训从无序到系统，美国俄亥俄州立大学人力资源开发教授罗纳德·雅各布斯教授在 1987 年提出了结构化在岗培训（Structure On-The-Job Training，S-OJT）。他对 S-OJT 的定义是：有经验的员工在工作场所或与工作场所近似的地点，培训新员工，有计划地培养特定工作能力的过程。

所以，S-OJT 有五大要素：**两个人**（分别指有经验的员工和能力未达标的员工，后者通常指新员工）**在一个地点**（工作场所或与工作场所近似的地点），**实施一个过程**（有计划地培训），**达到一个目的**（培养特定的工作能力）。

企业导师制以关系为导向，涉及学员工作及工作以外的方方面面的带教辅导。在企业里，导师除了要关注学员的心态，解答学员的疑惑，还被赋予了一项基本责任，那就是帮助学员掌握岗位业务技能、管理技能、人际技能等，是有相对清晰的能力提升、能力发展目标的。作为导师，除了应在业务或管理上经验更丰富、更专业，还需要掌握一定的培训技巧，特别是 S-OJT 技巧，这样会让导师事半功倍，也会让学员学得更有效和更高效。这对岗位带教导师的要求是很高的。也就是说，如果导师（特别是岗位带教导师）掌握了 S-OJT 相关的知识和技巧，在看似比较虚的师徒关系中融入了比较实的内容，虚实结合，就能让企业导师制项目如虎添翼。

把 S-OJT 的元素融入企业导师制中，让企业导师制项目有一个坚实的支撑点，也可以帮助培训管理者摆脱"过程黑匣子"，做到监控轻松，心中有数。

AD⁵SE 模型介绍

与应用广泛的课程开发、教学设计、培养项目设计的 ADDIE 模型[1]相比，AD⁵SE 模型有 8 个要素，分别是获取共识（Align）、编写导师管理制度（Develop）、设计企业导师制项目（Design）、启动企业导师制项目（Drive）、开发导师手册（Develop）、赋能师徒（Develop）、跟进及持续提供支持（Support）和评估及改善企业导师制项目（Evaluate），如图 1-3 所示。

下面一起来看看，这 8 个要素分别对应企业导师制项目成功要素"推拉结合，软硬兼施"思考框架中的哪部分？

设计企业导师制项目是指使用什么样的项目管理和监控流程对项目进行管理与监控，属于推动因素。

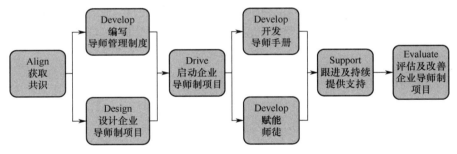

图 1-3　嵌入 S-OJT 的企业导师制项目 AD⁵SE 模型

开发导师手册、赋能师徒、跟进及持续提供支持，是指为导师开发和提供教学内容指引，为导师提供带教辅导技巧培训，为学员提供学习和求学技巧培训，以及设定项目管理者应该如何跟进并为师徒提供支持，属于拉动因素。

获取共识、启动企业导师制项目、评估及改善企业导师制项目，是指高管、

---

1 ADDIE模型的内容为分析（Analysis）、设计（Design）、开发（Development）、实施（Implementation）和评估（Evaluation）。

项目发起人、人才发展经理等利益相关方对企业导师制项目的目标、期望、成功标准达成共识，通过师徒配对、拜师等仪式感隆重的方式以及优秀师徒评选和颁奖、持续改善行动计划等，为企业植入带教辅导文化，属于软性因素。

编写导师管理制度，是指编写导师的选、用、育、激励制度，属于硬性因素。

综上所述，导师制的"前世今生"如图 1-4 所示，希望可以帮助企业人才发展从业者从发展上认识企业导师制这种学习策略和培训模式。

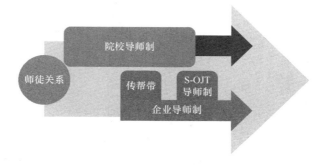

图 1-4　导师制的"前世今生"

在后面的章节里，除非特别强调，为使语言更简洁，"嵌入结构化在岗培训的导师制""S-OJT 导师制"将统一简称为"企业导师制"或"导师制"。

本章关键点

企业导师制概述
├─ 导师与导师制
├─ 企业常见的导师与导师制
│　　├─ 【场景1】千头万绪，止于一端
│　　　　└─ 图1-1企业导师制主流应用场景
│　　├─ 企业导师类型
│　　├─ 导师与教练
│　　├─ 企业导师制类型
│　　　　├─ 【实操案例1】某不动产投资与资产管理企业的管培生培养计划
│　　　　├─ 【实操案例2】某大型啤酒企业的管培生培养项目
│　　　　└─ 【名企标杆分享1】广获赞誉的通用电气逆向导师制
├─ 企业导师制的价值
│　　├─ 企业层面
│　　├─ 导师层面
│　　└─ 被辅导者层面
├─ 企业导师制的成功要素
│　　├─ 【场景2】推拉结合　软硬兼施
│　　├─ 企业导师制应用的常见痛点
│　　└─ 企业导师制项目的成功要素
│　　　　└─ 图1-2企业导师制成功要素的"推拉结合，软硬兼施"思考框架
└─ 嵌入S-OJT的导师制项目AD⁵SE模型介绍
　　├─ S-OJT的起源
　　├─ AD⁵SE模型介绍
　　　　├─ 图1-3嵌入S-OJT的企业导师制项目AD⁵SE模型
　　　　└─ 图1-4导师制的"前世今生"

2 第 2 章　获取共识是导师制成功的基础

在企业里，导师制一般由负责人才发展的工作者组织、跟进和完成。基于导师制项目天生有着周期较长、利益相关方较多的特点，人才发展职能管理人员在企业里必须有一定的影响力，项目才有可能善始善终，否则企业导师制面临的结局将是虎头蛇尾，甚至以失败告终。而遗憾的是，在大部分的企业里，企业导师制的结局都以后者居多。究其原因，是大多数企业中开展的导师制都缺少与高层管理人员、导师、被辅导者"获取共识"这个环节，造成项目组织者孤身一人在艰难中前行，难免失败。

在"获取共识"这个环节，有 3 个要点：确认人才需求、获取高管支持和制定导师制项目的目标宣言。

2.1　确认人才需求

在获取共识之前，人才发展工作者需要明确企业现阶段最迫切、最关键的人才需求是什么，基于这种类型的需求，最合适的人才解决方案有哪些，以及开展导师制是不是一个适合的解决方案。

研究表明，S-OJT 作为一种有效的人才培养方式，适用于所有组织、所有岗位的管理类、技术类、认知类的能力提升。而嵌入 S-OJT 的导师制项目既可作为人才培养项目单独开展，也可融入其他关键人才培养项目（如领导力提升项目、专业能力提升项目、绩效提升项目、企业文化推广项目等）。典型的应用场景包括以下几个。

销售能力复制

大多数企业的销售人员分布地域广，组织集中培训的时间、费用成本高且难度大。人才发展工作者很多时候费时费力组织了一场集训，但往往因为种种原因导致培训达不到期望的效果。近年来，越来越多的企业开始使用导师制作为培养和提升销售人员能力的重要手段。这样做不仅可以复制销售能力，还可以让销售最佳实践在组织里得以固化和传播，更直接地促使销售业绩倍增。

【实操案例 3】

某快消品企业的销售能力复制

在笔者主导和参与的众多人才发展项目中，通过导师制提升和复制销售能力的项目占了比较大的部分。其中一个典型的案例来自某快消品销售企业。在开展嵌入结构化在岗培训的导师制项目前，该企业通过每季度一次地组织外地销售新员工到总部进行入职培训来帮助新员工掌握销售岗位的知识和技能，但效果不佳。由于该企业一直没能找到合适的办法帮助销售新员工快速掌握岗位所需的知识和技能，加上新员工的流失率一直居高不下，人力资源管理者一直在销售新员工的"招聘—培训—离职"循环中兜兜转转，浪费人力资源，造成的直接影响是客户体验差、客户流失、企业雇主形象受损，最终导致销售业绩下滑。在确认了帮助销售新员工尽快掌握岗位所需的知识和技能，以及降低销售新员工的离职率这两个人才需求后，人才发展管理者决定通过开展嵌入结构化在岗培训的导师制，并与利益相关方达成了共识，在企业内部快速启动了导师制。经过半年到一年的实践，销售新员工离职率下降超过 50%，整体技能水平明显提升，同时终止了销售业绩下滑的趋势，导师制项目被证明能很有效地满足该企业人才和业务需求。

连锁/零售行业的人才培养

与销售人员分布情况相似，连锁/零售企业的实体店分布地域也相当泛，因此"传帮带"一直是连锁/零售企业优良的人才培养模式。同时，连锁/零售企业基于业务发展和战略扩张的需求，经常有开拓新店的需求，对人才能力的复制有更直接的诉求。在传统的师带徒中增加结构化在岗培训这一要素，能够快速复制连锁/零售企业人才（店长、店主管、店员、采购员等核心岗位人才），满足人才培养的需求，更快、更好地拥抱新零售的变革。

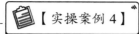
【实操案例4】

某连锁企业的人才培养

在诸多连锁/零售企业导师制项目中，一个典型的案例来自某连锁企业。该项目的背景是，自从 2017 年开启新零售元年以来，零售行业经历了快速迭代，市场竞争激烈，消费者要求提升，对零售行业人员的能力提出了新的要求。同时，该连锁企业所在的集团多业态并行发展，其中零售业态发展迅速，对高质量人才数量的需求与日俱增，当时的情况是人才输送的速度跟不上公司的发展速度。在零售业态发展迅速的背景下，由于新店扩张速度快，新员工数量剧增，需要建立帮助员工快速成长的系统和路径，确保员工数量和质量都能满足业务发展、行业迭代的要求。在确定了需要系统提升员工的数量和能力后，该企业迭代了传统的师带徒模式，通过嵌入结构化在岗培训的导师制，逐步满足了人才供应的需求。

专业技能类人才培养

在制造、交通运输、物流、银行、呼叫中心等行业有较多的专业技能人才或操作人员，这些人才在企业中的数量一般比较多，且人员流动率偏高，因此有比较大的人才培养需求。同时，通常这种类型的企业拥有比较浓郁的"传帮带"文化，具备带教辅导的土壤。若能实施嵌入结构化在岗培训的导师制，则可高效萃取绩优专业技术人员的经验，复制给新员工或能力未达标的员工，满足业务和人才需求。

【实操案例5】

某生产制造企业的高级技能岗位导师制

笔者曾经为一家生产制造企业的某个高级技能岗位提供咨询项目。该企业为全球规模最大的鞋帽模杯制造商之一，近年来业务发展迅猛，对各个关键岗位的人才需求急剧增加。该企业在关键岗位上有很多优秀的专业人才，但缺乏经验萃取、开发、传承的方法；同时因为人才的流失，导致工作效率降低，新人的成长速度跟不上企业的发展。在确认了需要萃取和传承某高级技能岗位的优秀经验后，该企业通过嵌入结构化在岗培训的导师制，在项目中萃取了经验，开发了超过 200 页的岗位带教辅导手册，培养了一批懂得使用结构化带教辅导技巧进行带教辅导的导师，从此岗位技能的传承开始有条不紊地开展起来。（本实操案例详见 10.3）

除了以上 3 个典型的应用场景，企业导师制还特别适用于不同行业、不同企业的新员工培养、新管理者培养、老员工新技能培养的"三新"场景，人才需求均集中在技能培养、能力提升领域。

企业导师制除了在提升和复制人员能力、建设健全的人才梯队、确保人才有效供应方面有突出的贡献，在传承企业文化和优良作风、萃取组织优秀实践、提升企业的多样性和包容性、增强员工积极性和彼此之间关系的黏性、建立雇主形象等方面，也有着得天独厚的优势。因此，组织内部若有吸引和保留人才、帮助新员工快速适应企业文化、提升员工积极性等方面的人才需求，均可考虑通过开展企业导师制来满足。

【实操案例 6】

某中学关于传承与萃取的导师制

Q 学校通过开展教师队伍的导师制，既实现了组织经验的萃取和传承，又实现了"持续育人、黏性留人"的人才发展目标。Q 学校是由国内百强企业 H 公司与省内一流高等院校合作创建的一所学校，招收初中、高中学生。该校由企业出资，由高等院校附中负责教育教学和运营。Q 学校办学之初，从高等院校附中引进了一批学科带头人和优秀教师，并向社会招募各学科教师。然而，随着各地学校的规模化发展，以及竞争对手的强势崛起，Q 学校的学科带头人和优秀教师频频被"挖"，学校的教师流失率达到空前之高，一度影响了学校的教学开展和正常运营。正在 Q 学校管理层一筹莫展的时候，该校校长受邀参加 H 公司的总部年度会议，会议中有一段关于 H 公司连续三年开展校招新员工导师制项目的成功案例分享，该校校长深受启发。2017 年 8 月，Q 学校对核心岗位班主任和语数英学科教研组开展了"青蓝工程"导师制项目。截至 2021 年 7 月，Q 学校教师流失率下降了 80%，并且通过导师制项目的开展，编制了《Q 学校班主任带教手册》《Q 学校班主任工作手册》《Q 学校教务工作手册》《语数英教研工作手册》等工具手册，取得了丰厚的组织经验萃取成果。

导师制项目设计阶段的目标是，从高管的角度出发，识别对组织来说最重要的人才需求。为什么把确认组织人才需求放在第一步呢？原因很简单：为后面两个要点做铺垫。一方面，人才需求的关键问题是影响业务发展、战略目标达成的人才痛点，只有连接到业务和战略的项目，才能获取高管的支持（第二个要点）；另一方面，能解决人才需求问题的关键成果，可以作为导师制项目的具体目标，也就是导师制项目成功时的样子，是可以直接放在项目的目标宣言（第三个要点）中，能确保大家目标一致的重要内容。

● 【场景3】"双视角+"，把脉企业

如何识别组织中关键的人才需求？

● 【场景问题解析】

作为组织中的人才发展工作者，需要建立"双视角+"的思维框架，从外部视角、内部视角+来识别人才需求，如图 2-1 所示。

图 2-1　识别人才需求的"双视角+"

外部视角指的是组织所处的行业特性和发展趋势、行业内标杆企业的业务状况给本组织的人才带来了什么机遇、隐忧和启发。"内部视角+"包含自上而下的组织视角和自下而上的员工视角，我们需要思考组织战略目标的达成状况、文化现状，以及员工的心态和能力水平对组织的人才提出的要求。基于以上框架，就可以通过人力资源多样的工作方法，如外部的文档分析和同行交流、参加组织内部不同层级的业务会议、阅读公司财务报告、与业务部门的管理者和员工进行沟通，甚至启动正式的访谈、问卷调研等，来了解、收集、确认和沟通组织内不同层面的人才需求。

2.2　获取高管支持

当完成了内外部的诊断，确认了组织人才最迫切、最重要的需求后，接下来要做的事情是获取高管的支持。这里说的高管，不但指组织中分管人才管理或人才发展的高级管理人员，还包括业务高管，也就是即将开展的导师制项目所涉及的业务范围对应的分管领导，甚至是组织内的最高管理者。

说到这里，可能有读者会提出这样的疑问：这种项目需求通常是由业务高管提出，人力高管承接，人才发展工作者来落实的，作为人才发展工作者，还需要再去获取高管支持吗？答案是肯定的。虽然项目是高层发起的，但相信大家都很了解企业中高层的工作状态：他们大多事务缠身，各种各样的事情无时无刻不在分散他们的注意力。通常很多项目都是他们发起的，但是他们不能对每件事情都保有持续的关注。这就是现状。但是，高管，特别是业务高管持续的关注和支持是导师制项目成功的最佳驱动力。例如，在导师制项目实施过程中，如果能请高管亲自承担导师角色，就能为导师制立榜样；在导师制项目启动、评优之际，如果能请高管为项目站台、发言、颁奖，其影响力也非同一般；在项目组织的师徒活动中，如能邀请高管参与，让高管直接听取参与者分享的项目价值、挑战和建议，则能让高管感知项目的价值，也能更直接地从高管处获取更多的支持和资源。以上种种行动，还有一个额外的附加值：能够不断夯实组织内带教辅导的土壤，一点一滴地为带教辅导文化加分。

● 【场景 4】获得支持，事半功倍

在导师制项目中，为获得公司高管的持续支持，有什么注意要点呢？

● 【场景问题解析】

作为导师制项目的负责人，除了要掌握人才发展和导师制相关的专业知识、了解导师制项目的细节，还要时刻注意保持与高管的沟通和汇报，最好能创造机会与他们直接沟通，从业务的角度阐明导师制项目能够解决的人才问题有哪些，能为业务带来什么样的价值，项目的进展情况及阶段性的成效，目前遇到的困难和挑战，以及需要高管给予什么样的支持等信息。沟通时注意使用能够让高管产生共鸣的语言，认真倾听并确认高管的关注点，同时需要使用数据支持自己的观点。

【避坑指南1】在人才发展项目中人力资源工作者与业务部门的关系

人才发展工作者在人才发展项目实施过程中容易踩到的一个坑，就是容易忽略此类项目在业务部门中的影响力和公信力。这是一个平衡问题。人才发展工作者掌握了专业的人才发展技术，这只是天平的一边；而天平的另一边则是项目的业务影响力。在项目实施过程中需要开展的工作，如与业务部门沟通、跟业务高管达成共识、调配业务专家参加访谈和工作坊研讨、组织导师或徒弟参加赋能培训和社群活动等，都需要业务高层的支持。如果人才发展工作者希望通过自己的专业，尽可能不动用太多的业务专家，以免打扰他们的工作，而低调地、静悄悄地开展人才发展项目，其结果很可能是项目成果和价值不被重视、认同和应用，因为业务部门不了解、没参与，缺乏存在感和贡献。因此，从一开始，人才发展工作者就要积极地与业务部门，特别是业务高管进行沟通，达成共识，取得他们的支持，同时摆正双方在项目中的位置。若人才发展部门能做到和业务部门在项目中荣辱共担、责任各半，不但项目成果的质量有保障，应用也有保障，项目的价值也能被业务部门认可。

笔者曾经在某个项目中与一家企业的两位人才发展工作者共事，分别开展性质相仿的人才发展项目。其中一位人才发展工作者行事低调，在非常有限的范围内与业务部门沟通、调动业务专家资源；另一位人才发展工作者则从一开始就积极并充分地与业务部门的各方人员进行沟通，努力就项目范围、项目成果、成果应用等与业务高管达成共识。最后，两个项目产出的成果和价值相当，但前一位人才发展工作者负责的项目不被认可，而后一位人才发展工作者负责的项目则被高度认同并推行。由此可见，在人才发展项目中，处理好与业务部门之间的关系非常重要。人才发展项目中技术与沟通的平衡关系如图2-2所示。

技术问题——手段　　　　　　　　沟通问题——共识

用什么方法　　　　　　　　　　　要达到什么目的

选什么工具　　　　　　　　　　　针对哪些人群　　　业务决策

标准是什么　　　　　　　　　　　如何落地应用

图 2-2　人才发展项目中技术与沟通的平衡关系

2.3　制定导师制项目的目标宣言

获取共识的最后一个要点，是撰写一份导师制项目的目标宣言作为这个环节的重要成果，同时确保导师制项目的实施能在更大范围内达成共识。因为项目目标宣言的产出过程，其实就是一个在不同层面、不同范围、与不同利益相关方就导师制项目的范围、期望和所能产出的价值持续达成共识，并肥沃带教辅导文化土壤的过程。但根据笔者对接触的实施导师制企业状况的了解，极少企业能有这么一份项目目标宣言。究其原因，是很多人才发展工作者都没有意识到获取共识的重要性，更不了解项目目标宣言在导师制项目实施过程中扮演了一个如此重要的角色，是一个如此有用的工具。那具体怎么做呢？

建立价值证据链

在产出项目目标宣言之前，建议人才发展工作者先进行一次内容的思考和研讨，在企业内部就项目的成功标准达成共识。而研讨项目的成功标准，其中一个比较合适的工具是柯氏四级评估模型（见图 2-3），即以柯氏四级评估模型作为思考和研讨框架，逐级建立项目的成功标准。

柯氏四级评估模型由威斯康星大学教授唐纳德·L. 柯克帕特里克于 20 世纪50 年代提出，在柯氏第二代人的努力下，柯氏四级评估模型得到了进一步的延展和优化，现在已成为业界应用非常广泛的培训评估工具之一。

柯氏提出，可以从四大层级评估培训是否有效果。第一级是学员反应，评估学员在学习过程中是否积极参与，学习内容与学员实际所需的相关性是否比较大，以及他们学得是否满意；第二级是学习，评估学员通过培训是否掌握了所需的知识、技能和态度，以及掌握后他们是否有信心或决心在工作中使用；第三级是行为改变，评估学员学到的知识、技能和态度是否有在工作中应用，他们的行为是否有改变；第四级是业务结果，评估学员是否能达到工作或业务的要求和结果。

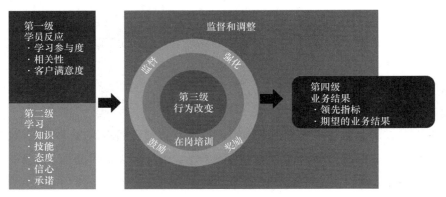

图 2-3 柯氏四级评估模型

在应用柯氏四级评估模型为导师制项目建立成功标准时，通常需要以终为始地思考，即从第四级到第一级，就以下问题进行研讨。

✓ 第四级：期望通过导师制项目实现哪些业务结果？为实现这些业务结果，要达成/改善业务相关的哪些指标？

✓ 第三级：为了实现这些业务结果，或者为了达成/改善这些业务指标，期望学员经过导师的带教辅导后，能够具备哪些行为或在哪些行为上产生什么样的改变？为了促进这些行为的产生，需要采取哪些激励或监督措施？

✓ 第二级：为了让学员具备这些行为或在这些行为上产生改变，期望学员掌握哪些知识、技能，具备或改变什么样的态度？在这个过程中，有什么方法可以强化学员的信心和承诺，让他们学以致用？

✓ 第一级：为了帮助学员掌握这些知识、技能和态度，并促进他们在工作中的应用，应该如何让学员更积极、投入地参与全学习过程？在学习内容的设计上，如何确保所学即所用？有哪些措施能够让他们学得更满意、更开心？

根据以上问题，项目成员基于企业的实际情况和项目需求进行研讨和共识。项目成员如果在回答第三级和第四级等业务相关的问题时感到困难或不确定，还可以就这些问题访谈项目发起人、业务管理者，从他们那里获取更多业务相关的信息输入。这样，就可以输出项目成功标准的雏形了。同时也可以为项目建立一条价值证据链，即在项目过程中，项目成员可有意识地围绕所设定的各级衡量指标收集相关的数据和事例，形成项目价值的证据链，并在项目结束后进行评估时进行整理和呈现。因此，项目的评估不是项目结束后才开始着手进行的，而是在项目全员启动前以终为始地进行目标设定，在项目进展过程中持之以恒地进行信息收集，在项目结束后进行画龙点睛的包装和呈现的过程。

图 2-4 是某企业导师制项目的价值证据链。该示例基于柯氏四级评估模型，是一个以培养新员工（岗位：销售代表），让新员工快速适岗、独立工作为目标的导师制项目而制定的各级成功标准。

柯氏维度	评估内容	成功标准
第四级：业务结果	4-1　期望的业务结果	4-1-1　企业当年整体销售额同比增长12%
		4-1-2　企业当年息税前利润额同比增长8%
	4-2　领先指标（过程衡量指标）	4-2-1　与开展项目之前一个月的数据比较，项目结束之后一个月的新销售代表离职率下降50%以上
		4-2-2　缩短新销售代表的培训周期（从独立挖掘和跟进客户需求到签约成功，时间缩短30%），使新销售代表能力得到快速提升，加快适应和胜任销售岗位的速度
		4-2-3　CRM信息完整度提升10%，准确率提升10%
第三级：行为改变	4-3　关键行为	4-3-1　销售代表每次拜访前按要求准备资料和拜访术，着装符合公司要求，并按公司要求提前10分钟到达
		4-3-2　销售代表在拜访过程中能运用询问六步法进行询问，挖掘客户需求
		4-3-3　销售代表在拜访当天完成CRM系统数据的完整录入
		4-3-4　……
	4-4　必需的驱动手段	4-4-1　监控办法：各模块带教辅导考核表准时提交；每周使用亮灯形式公布带教辅导进度
		4-4-2　强化措施：针对每位新员工定制带教辅导计划；销售代表的带教考核结果与试用期转正考核挂钩
		4-4-3　激励机制：按绩效付薪、"优秀带教导师"评比活动
第二级：学习	4-5　学习目标	4-5-1　带教导师能够了解带教职责，明白带教的重要性，掌握《销售代表带教手册》各模块的开发技术，使用《销售代表带教手册》、运用带教辅导六步法对新员工实施在岗带教
		4-5-2　新员工通过导师的带教，能掌握销售代表岗位的应知应会，100%的新销售代表能通过知识技能测试
第一级：学员反应	4-6　学员反应	4-6-1　学习参与度：导师带领新员工100%完成《销售代表带教手册》中各模块内容的学习
		4-6-2　相关性：基于销售代表工作任务开发《销售代表带教手册》，下发给每位导师，并对导师使用《销售代表带教手册》进行培训
		4-6-3　客户满意度：导师和新员工对导师制项目的满意度大于90%

图 2-4　某企业导师制项目的价值证据链

除了各级成功标准的设定，还需要对衡量相关指标是否达成的方法和所需要的证明信息进行定义。例如，图 2-4 中的第四级指标，可通过公司运营数据及其他相关数据的收集、统计、分析来完成，相对简单。第三级指标因涉及新员工的行为，可能需要通过访谈、导师反馈、随同拜访等方式来收集一些行为事例。这些行为事例中的典型优秀事例特别有价值，因为它们在呈现项目价值时会非常有说服力。第二级和第一级指标可通过问卷调查、观察、组织考试等方式获取相关数据和事例。

【避坑指南 2】项目成功标准是评估的一部分，为什么需要在项目设计阶段完成

大多数企业的人才发展工作者都没有意识到需要在项目启动之前就为其设定成功标准，而是在项目结束后，撰写培训总结报告时，才基于项目的执行情况和训后调查的相关数据对项目进行"评估"。但这种评估实际上是相对肤浅的，往往只有参与人数和时长、对项目中的课程和讲师各项指标的评分、师徒之间的相互评分、考核及测试成绩等内容，而行为改变（柯氏三级）、与业务相关的领先指标和业务结果（柯氏四级）等内容不多。这种事后评估，无法做到依据事前设定的目标执行工作，并让培养项目真正链接业务结果。

如果在项目设计阶段就设定成功标准，即为项目设定目标，其中为项目价值证据链所需数据和事例的收集工作将贯穿项目的整个过程。另外，在柯氏三级中设定的监控办法、强化措施和奖励、激励机制等内容也将为项目内容设计阶段的工作提供清晰的方向和依据。同时，柯氏四个级别的成功标准，也是项目结束阶段对项目进行评估的靶心。由此看来，一条价值证据链，可以让导师制项目各个阶段的工作环环相扣，前后呼应，彰显了事前设定项目成功标准的必要性。

制定项目目标宣言

人力资源工作者在建立了清晰的价值证据链后，就可以组织相关人员进行研讨和定稿了。让我们看看从下面的案例中能得到什么样的启发。

【实操案例 7】

通过导师制项目目标宣言达成共识

R 公司是一家新兴的智能制造企业，为客户提供定制化、智能化的解决方案。由于在合适的时机选择了合适的战略赛道，该公司业务发展迅猛。为支撑业务发展，该公司为不同事业部、不同岗位招聘和吸纳了多元化人才。过去一年，员工人数增加了一倍多，司龄一年以内的新员工占比超过 70%。新员工的团队融入、文化适应及岗位技能的掌握成为该公司的关键人才发展需求。很显然，光靠为期一周的公司级别新员工入职培训是不可能满足以上人才需求的。于是，培训经理 M 提出了实施嵌入结构化在岗培训的导师制的建议，希望导师通过为期半年的带教辅导，把新员工"带上路"，同时期望导师制成为 R 公司未来 1~2 年内人才培养的关键抓手。无奈该公司成立时间不长，管理成熟度不高，从各事业部的高管到部门负责人、骨干员工，对导师制是什么、导师制能带来什么价值和有什么意义毫无认知，导师文化相当薄弱。M 经理首先与分管人力的上司（公司高管之一）达成共识，并与上司一起分别跟各个高管进行沟通，让高管们对导师制有了初步的认知，并同意和支持在其事业部实施导师制。期间，M 经理与上司一起在公司内部组织了一次关键的研讨会，参会人员包括各事业部的高管及关键部门负责人、业务骨干，大家围绕导师制的 5W1H（What、Why、Who、When、Where、How)，一起讨论并共识了以下几个话题。

> 在 R 公司，导师制意味着什么？

> 本阶段，我们期望导师制项目如何满足公司的人才需求？对导师、新员工的价值体现在哪些方面？

> 导师制项目成功的标准是什么？

> 谁来担任导师？需要担任多长时间的导师？导师带教的场景有哪些？

> 本阶段实施导师制项目的有利因素和制约因素有哪些？

经过以上讨论，M 经理发现，虽然在前期与高管们达成了初步的共识，但大家对以上问题的回答相去甚远。例如，就"带教时长"这么一个简单的问题，大家都有不一样的看法。于是，M 经理与大家分享了研讨会开始前人力资源部草拟的项目价值证据链。接着，在 M 经理的引导下，研讨会产出了以下 R 公司导师制项目目标宣言。

R 公司导师制项目目标宣言

在 R 公司，导师制项目为新员工提供向老员工学习的机会，让老员工帮助新员工成长，最终支撑公司不断发展的业务需求。

在为期约半年的师徒互动中，将充分体现教学相长的精髓，导师能在专业领域获得崭新的视角及有价值的管理经验，同时帮助新员工快速适应公司文化、融入团队及掌握岗位技能。期望本导师制项目在促进新员工的主动离职率降低到 1%的同时，提升新员工在入职第一年的绩效达标率至 2%。而导师与新员工之间的信任和尊重也能促进公司内部的坦诚和协作，这也是本公司企业文化的核心。

参与人员对以上内容均达成了共识，R 公司即将开启嵌入结构化在岗培训的导师制的新元年。研讨会结束后，M 经理做的第一件事是，把导师制项目的目标宣言进行发布和宣讲。接着根据研讨会上的制约因素展开了一系列行动。

从以上案例可以看到，导师制项目的目标宣言，其内容包括但不限于本组织内对导师制的定义、导师制对组织文化的影响、本阶段的关键人才需求及导师制项目的价值、对项目成功的定义等。其中，对项目成功的定义可参考研讨会开始前，在人才发展小组中达成共识的柯氏三级、四级指标。

在企业里，人才发展工作者可以召开为期大约半天的研讨会，组织项目发起人、高层管理者、相关业务部门管理者、人力资源管理者等利益相关方一起就宣言的框架内容进行探讨，最后达成共识，形成文件并发布。"发布和解读"这个动作十分重要，因为它能为在企业里建立导师制文化加分。

在导师制项目设计阶段，获取共识是尤为关键的一步，是项目的方向和靶心，但这往往也是人才发展工作者最容易忽略的一步。因此，人才发展工作者需要把这一步重视起来，一方面要夯实访谈技巧、引导技巧等企业内部绩效提升顾问的基本功；另一方面要依据本章所提及的确认人才需求、获取高管支持、制定项目目标宣言三大步，层层推进导师制项目的启动环节，为项目的成功做好铺垫。

■ 本章关键点

```
获取共识是导师制成功的基础
│
├─ 确认人才需求
│   │
│   ├─ S-OJT典型应用场景列举
│   │   ├─【实操案例3】某快消品企业的销售能力复制
│   │   ├─【实操案例4】某连锁企业的人才培养
│   │   └─【实操案例5】某生产制造企业的高级技能岗位导师制
│   ├─【实操案例6】某中学关于传承与萃取的导师制
│   └─【场景3】"双视角+"，把脉企业
│       └─ 图2-1识别人才需求的"双视角+"
│
├─ 获取高管支持
│   ├─【场景4】获得支持，事半功倍
│   ├─【避坑指南1】在人才发展项目中人力资源工作者与业务部门的关系
│   └─ 图2-2人才发展项目中技术与沟通的平衡关系
│
└─ 制定导师制项目的目标宣言
    │
    ├─ 建立价值证据链
    │   ├─ 图2-3柯氏四级评估模型
    │   ├─ 图2-4某企业导师制项目的价值证据链
    │   └─【避坑指南2】项目成功标准是评估的一部分，为什么需要在项目设计阶段完成
    └─ 制定项目目标宣言
        └─【实操案例7】通过导师制项目目标宣言达成共识
```

3 第3章 编写导师管理制度，从制度层面保障导师制落地

在利益相关方对导师制项目的实施达成共识后，紧接着是项目准备阶段的两个关键内容：编写导师管理制度和设计导师制项目。导师管理制度是以制度的形式确认和颁发的，是企业在导师管理方面的规章制度和总体原则，具有相对长期的影响力和作用。导师管理制度的作用对象是企业导师库中的所有导师。设计导师制项目则是为某一具体的、有周期的、有特定目标的项目而定下的规则和行动计划，其影响力和作用仅限于特定的项目，时效相对短暂，作用对象是被选拔进入某导师制项目的导师群体。

一般情况下，导师管理制度作为企业层级的一项规章制度，应该是先于某个具体的人才需求，以及为满足此人才需求而开展的人才管理项目所制定和发布的，为满足某个具体的人才需求而开展的导师制项目则基于导师管理制度来设计实施的方式和方法。但从某种意义上来说，这两个内容是相辅相成的。例如，"公开报名"作为导师招募的方式可以存在于制度中，也可以成为某个导师制项目招募导师的一种方式。因此，一些企业管理和人才管理成熟度不太高的企业，在规划导师制时，经常把这两个内容合在一起考虑。这样的做法虽说是可行的，但当企业管理成熟度不断提升时，需要考虑把两个内容分开，确保通过制度制定总则，通过项目设计执行过程，两个内容各司其职，让导师制在企业的落地更加规范。

下面先谈谈导师管理制度。人才发展工作者作为导师制项目组织和实施的责任人，在导师制项目开展之前，必须想清楚怎么选拔导师、哪类人合适做导师；明确在导师带教辅导过程中，对他们有什么要求和行为规范；打算如何培养导师，使他们胜任甚至成为优秀的导师；思考需要用什么方法考核、激励及保留导师。这些内容都包含在导师的选、用、育、激励管理制度中。编写导师管理制度，可以在制度层面规范导师的管理，最终保障导师制的有效实施。

另外，因为在大部分的情况下，企业中都以兼职导师为主，所以更加需要一个专门的制度去管理、激励导师，并指导导师开展带教辅导工作。同时，随着导师管理制度的发布和宣贯，也能让全体员工清楚地了解成为导师的资格标准、角色职责、行为规范、管理流程、发展通道、激励措施等，一方面可以扩大导师制项目的影响力，另一方面还可以吸引、招募更多更合适的人才成为导师。在大多数企业，导师资源紧缺、导师带教辅导时间紧张的情况是普遍存在的，这方面的制约因素甚至会成为导师制项目是否能在企业顺利开展的决定性因素。因此，从制度层面规范和宣导导师的选、用、育、激励，是企业开展导师制项目的必要步骤。

● 【场景 5】相辅相成，你中有我

一些企业的内部培训发展得比较成熟，已经有了内训师管理制度，导师管理制度与内训师管理制度在设计维度上是一致的，可以共用吗？

● 【场景问题解析】

从制度的选、用、育、激励 4 个层面的操作方式和流程来看，企业的导师管理制度和内训师管理制度如出一辙，确实可以相互参考编制。并且导师和内训师在大多数企业内部都是由同一个群体担任的，在某些企业，导师同时也是内训师。但是，导师与内训师的职责、胜任标准、培养内容等均存在较大的区别，导致两者的培养与管理区别明显，因此需要区别对待导师和内训师的管理，建立不同的管理制度。

3.1　导师的选拔制度（选）

在导师的选拔制度中，需要对企业中导师的类型、角色及其对应的职责有清晰的规范，还需要明确导师的胜任标准，从而提供符合企业需求的选拔标准、招募方式和选拔流程。

导师的类型、角色和职责

正如本书第 1 章提到的，企业中常见的导师类型有新员工导师、新管理者导师和新技能导师（简称"三新"导师）。不同类型的导师，其角色和职责均有所差异。在导师的选拔制度中，可根据企业实际情况，选择最能满足人才需求的导师类型，并对不同的导师角色和职责进行定义。

定义导师的角色，能建立导师、被辅导者及相关群体对导师这一角色的清晰认知。一般情况下，企业可根据导师制项目的目标，选定以下 1～3 个描述来定义导师的角色。

✓ 业务或管理知识和技能的传授者；

✓ 业务或管理能力的促进者；

✓ 企业文化的传承者；

✓ 职业发展的辅导者；

✓ 职业健康的关怀者；

✓ 入职阶段的引导人、陪伴者；

　　　……

基于清晰的导师角色，就可以拟订导师的相关职责了。以下给出了导师通用的职责供参考。

导师职责

1. 根据被辅导者的发展需要，明确带教辅导目标，确定带教辅导内容，与被辅导者一起制定有针对性的带教辅导计划或个人发展计划。

2. 整理、提炼相关知识、技能和经验要点，并根据计划向被辅导者传授。

3. 在每次执行带教辅导计划前做好相关准备，使用被辅导者容易明白的方式方法进行讲授，并完成"总结—跟进—考核"的带教辅导闭环。

4. 与被辅导者建立良好的互动关系，定期与被辅导者沟通交流，跟进带教辅导计划的实施情况，关注被辅导者的学习情况和思想动态，并基于其表现进行反馈，帮助其提升。

5. 为被辅导者的职业发展、成长提供合理的建议。

6. 做好带教辅导过程中的计划和记录，并根据要求进行相关文件的提交。

7. 通过不同渠道参加不同形式的活动和学习，以持续提升导师技能。

8. 在项目中遇到困难时，及时向导师制项目组织方反馈并寻求帮助，并向项目组织方提出有助于项目改善的建议或意见。

导师的胜任标准

作为人力资源管理者，相信大家都深谙人才选拔的重要性。选对导师，选好适合企业、适合导师制项目的导师，是项目迈向成功的关键一步。那到底什么样的人才能成为导师呢？需要有一个清晰的导师胜任标准。有了清晰的导师胜任标准，不仅可以为导师的选拔提供依据，还可以为导师的培养和发展提供方向与指引。虽说不同文化的企业有着不一样的导师要求，但笔者根据多年导师制项目的经验，归纳总结了优秀导师的通用能力模型，如图 3-1 所示。导师制项目组织者可根据企业和导师制项目的实际需求，参考此能力模型框架来确定本企业的导师能力模型。

图 3-1　优秀导师的通用能力模型

整个模型的架构引自唐代文学家韩愈的《师说》："师者，所以传道受业解惑也。"传道、授（受）业、解惑是导师的三大能力要求，同时也是导师的三大职责。具体的能力要求如下。

● 传道

传道指的是导师需要有把道理传授给他人的意愿和能力。导师应该是一个对本职工作尽职投入、敬业付出的榜样。同时，导师会从内心深处关心组织，希望组织发展得越来越好，并且认同组织的文化，热心传扬组织文化。同样重要的是，导师以关系为导向，喜欢建立关系，有热忱去分享自身的经验、专业和见解，具备愿意花时间、有耐心帮助他人成长的心志，并能从帮助他人成长中获得自我价值认同感。具备传道能力的导师，就具备了导师的内驱力。导师的内驱力非常重要，选择有内驱力的导师，比设计完美的外部激励方案更有效。

● 授业

授业指的是教授专业，这里说的专业，包括业务领域的专业和管理范畴的专业。针对新员工、新技能导师，一般要求其在业务领域足够专业，不仅要胜任岗位，达到或超出岗位的业绩要求，还要在专业领域受人尊重；针对新管理者导师，则更看重其管理上的经验和成功案例。无论是哪方面的专业，导师首先需要具备重视专业、不断提升专业，并在不同场合展现专业、为他人提供专业支持的意愿和能力。如果想把导师在专业领域的能力要求转化为导师的招募条件，则可将其具化为在本领域的工作年限、岗位职级、专业职称或资质认证、绩效考评结果等要求。同时，作为导师，还需要在带教辅导上有一定的专业能力，包括能通过梳理、分析被辅导者的工作任务，提炼被辅导者需要学习的知识、技能等来明确"教什么"，也包括运用科学的带教辅导技巧来解决"怎么教"的问题，让带教辅导有效、高效地发生。

需要提醒的是，在选拔环节一般很难选到既在业务领域足够专业，又精通带教辅导技能的导师。这时需要退而求其次，优先选择在业务领域足够专业的人选。因为带教辅导技能更容易培养，后期可通过一系列带教辅导技能提升培训和活动来完善导师的授业能力。

● 解惑

解惑指的是导师通过一系列教练技术来解答被辅导者的种种疑惑，从而帮助其调整职业心态、辅导职业发展方向等。导师所需具备的能力包括专注、耐心、不带偏见的全方位倾听，通过提出开放程度高的问题来启发被辅导者找出问题的根本原因并提出解决方案，及时给出具体的、基于行为的反馈来强化被辅导者的正面行为，帮助其避免负面行为。

同样，在选拔过程中可能很难选到兼具以上教练技术的导师，建议在兼顾专业的同时，选择那些更有沟通意愿、在关系中更开放、更愿意改变或调整自己的沟通风格的人作为导师。

● 【场景 6】权衡利弊，广泛招募

带教导师还需要招募吗？直接指定员工的上级作为带教导师不是很方便管理吗？他们还有丰富的岗位经验呢！

● 【场景问题解析】

在企业实践中，的确有一种较为直接的导师选拔方法，那就是默认所有需要带教辅导的岗位的直线上司为导师。这种做法的好处是标准简单，执行成本低，还能促进带教辅导文化在组织内生根萌芽。缺点是可能有些直线上司成为带教导师的意愿并不强烈，或者容易把日常工作和带教辅导混为一谈，导致带教辅导效果没有凸显；也有可能直线上司缺乏作为导师的基本胜任力，而企业中的带教辅导技巧培训难以全面覆盖。这些都会对带教辅导的实施、执行和效果产生负面影响。建议大家在使用这种选拔方法的同时，多考虑其制约因素，在项目设计过程中增加一些举措，如加大导师赋能的覆盖面、明确导师日常任务等，以规避相关风险。

导师的招募

在导师选拔标准确定之后，建议使用以下选拔方法来对导师进行招募。这 3 种方式可以单独使用，也可以相互补充，同时进行。

- ✓ 公开报名。在整个组织范围内公开宣布招募导师的消息，同时公布选拔的标准和流程，鼓励感兴趣的人参加选拔。选拔标准应该尽量具体和清晰。在限定时间内接受公开报名，报名渠道要广泛、便捷。
- ✓ 主管提拔。项目组织者可以与对口的业务部门主管沟通，让他们推荐合适的人员成为导师，因为业务主管最了解其下属的岗位胜任力水平。

✓ 定点招募。项目组织者也可以主动发掘优秀的导师人选，如技术骨干、一线主管或高水平的一线员工，直接与其本人及上司沟通，争取让他们加入导师团队。

导师的选拔

当企业招募了一定数量的导师候选人后，就可以进入导师选拔环节了。选拔流程可以筛选符合导师标准的候选人进行资料审核、面试或公开竞聘的方式进行。选拔阶段是对候选导师的能力进行系统盘点的好机会，项目组织者可基于导师能力模型，开发和设计出一系列能力评估表单，在选拔各环节中使用。这样不仅能筛选出有潜力或有能力的导师，还能对导师的能力状况有一个整体的了解，为后续针对导师能力短板的培训提供方向性指导。

在某些企业，特别是业务处于快速发展期的企业，普遍存在候选导师数量不足的情况，可能不具备选拔导师的条件，但依然建议使用简化的流程进行导师选拔，其目的在于对候选导师的能力进行摸底，进一步了解他们成为导师的意愿和能力水平，以便后续采取更加有效的措施招募、储备和培育导师。

在完成选拔环节后，企业就建立了导师库。人才发展工作者需要建立导师库的管理和培养制度与流程，即导师的任用管理制度、导师的发展和培养体系。一方面，任用管理制度可促进企业日常对导师的培养和关怀，不断激活导师的意愿和提升导师的能力；另一方面，当为满足某一人才需求的导师制项目启动时，可根据相关流程调用合适的导师去满足这些项目的需求。有了一个充满活力的导师库，就能做到导师随需随到，让人才的培育时刻满足业务需求。

3.2 导师的任用管理制度（用）

导师的任用管理制度包括导师的档案管理、绩效管理、积分管理和退出机制。

档案管理

对于被选拔成为导师的员工，需为其发放聘用证书及建立正式的档案，以便对其作为导师的相关信息进行记录、跟踪和管理。档案管理需遵循以下原则。

✓ 完整及正确性原则。档案是对导师从建档之日起的全部有用信息的准确
记录，包括但不限于导师的基本信息（姓名、年龄、司龄、部门、职
位、籍贯、学历、专业、毕业院校等）、导师相关经验（担任导师的年
限、曾辅导的学员数量、学员姓名、带教辅导内容、导师考评结果、所
获得的导师积分等）、导师现状（擅长领域、成为导师的意愿、导师相关
的能力水平等）及聘用情况（级别、年限等）。要防止错录、漏录、不录
等情况；除特殊情况外，任何人不得擅自删除导师档案中的任何记录。

✓ 实时性原则。导师档案信息要做到及时录入；导师的培训、认证、参与
活动等记录要及时更新和维护。

✓ 责任到人原则。档案管理包括档案的创建、维护、保管等工作。在档案
的管理过程中应明确职责，责任到人；信息录入、维护和保管可由企业层
面的人才发展管理部负责，也可授权各业务部门的人才发展工作者执行。

绩效管理

一般而言，导师日常的绩效管理是基于某个具体的导师制项目开展的。因
此，对导师的行为规范和考核要求，通常在导师制项目中设计。在任用管理制度
中，可设定一般性原则，为项目的导师绩效管理提供指引。

导师的绩效管理旨在促进导师和被辅导者充分计划好带教辅导工作，以便更
高效地达成项目目标，同时让导师的表现得以被评估并最终客观地反映到导师级
别和报酬的调整、导师续聘的决策上。导师的绩效管理包括带教辅导计划的制
订、带教辅导的实施、导师考评和结果反馈。

在导师的绩效管理制度中，应该根据导师的类型和职责来规范导师的日常行
为，并对导师的日常工作进行指导。例如，导师应在项目开始时与被辅导者就其发
展目标、学习内容进行充分沟通，并基于被辅导者的实际情况共同制订带教辅导计
划；在带教辅导期间，需要按照计划开展带教辅导、跟进和考核工作，并做好相应
的记录，按照项目设定的时间要求提交相应的表单。在某些企业的导师制度中，还
对导师的投入时间做出了明确的要求，如每周辅导的次数、每次辅导的时长等。

在任用管理制度中，也需要设定对导师考评的框架。例如，考核的内容可包括带教辅导计划的质量、带教辅导计划的按时完成率、带教记录提交的及时性、导师赋能培训和活动的出席率、带教辅导技巧的运用、被辅导者的绩效等；同时需要建议考评的频率，确定不同的考评内容由谁来评估。

积分管理

由于导师制项目周期相对较长，在带教辅导过程中，不同导师在被辅导者身上付出的时间、精力差异也较大。如能用量化形式记录、测量导师所承担的带教辅导工作，并通过定义得分点和其对应的积分值来设计相应的机制，那么不仅能对导师的日常行为进行较为精准的管理，还能牵引导师的行为，调动导师的积极性。

得分点是用于计算积分的导师工作事件，积分为导师工作量的数值。例如，若设定导师带教辅导学员一次、每次一小时计算为 1 个积分，其他得分点的积分值则以此为基准进行折算。积分事件可涵盖的内容包括但不限于参与带教辅导内容的开发和迭代工作、对被辅导者开展带教辅导（包括带教辅导计划的制订，内容的讲授、跟进、考核、反馈，以及日常的沟通关怀等）、参与项目的培训和活动、为项目的改善提出合理的建议。在任用管理制度中，需要根据事件的参与时长、难度和贡献度来设定积分值。

积分管理集中在不同导师得分点和积分值的申报、审批、录入和维护上。积分的日常维护建议遵循"谁主张，谁录入""谁聘用、谁维护"的原则，简化申报和审批流程，并通过线上系统实现积分管理，做到实时更新、实时公布/查询。

导师积分的应用层面很广泛。例如，积分可作为职位晋升、导师资质保持或取消的依据，也可作为导师能否获得年度表彰的决策依据之一，甚至可用于兑换礼品、外派学习机会等。

退出机制

在任用管理制度中，需要约定导师的退出机制，这样才能确保对导师的有效管理，让员工灵活选择是否成为导师，也能让导师库成为"活水库"。导师的退出原因多样，包括导师任期结束、离职、工作地点发生改变、工作岗位和职责变化、导师希望主动退出、无法继续投入时间和精力、导师能力和表现未达到相关要求、师徒关系出现危机等。在任用管理制度中需要明确导师退出的条件和流程，并确定导师制项目中导师退出的应对原则，让利益相关方都知晓，确保导师的管理有条不紊地执行。

3.3　导师的发展和培养体系（育）

在导师管理制度中，与任用管理制度平行的是导师的发展和培养体系。清晰的导师发展和培养体系可以让入库后的导师明确其所在级别，并了解作为导师的发展通道、发展方向和学习内容。

导师的发展通道

企业可根据自身的业务规模、对导师数量的需求及导师库中的导师人数来定义导师的层级。一般而言，根据导师的能力水平和可承担与导师相关的工作任务的难易程度，可以把导师分为初级导师、中级导师、高级导师和资深导师 4 个级别（见图 3-2）。在某些企业中，除了这 4 个级别，还另外设定了特约导师，他们一般是企业里的高管，不具体担任特定员工的导师，但他们在辅导的经验和专业上水平都非常高，可以给其他导师做定期或不定期的带教辅导知识、经验和技能分享。

图 3-2　导师的发展通道

对不同级别的导师，需设定不同维度的任职要求，如图 3-3 所示。

维度	初级导师	中级导师	高级导师	资深导师
定位	有能力担任1名学员的导师	有能力担任1名以上学员的导师	有能力成为小组导师制中的导师	有能力成为导师的导师
掌握技能	掌握专业或管理领域的知识、技能和带教辅导技巧，能较流畅地完成与授业相关的工作，帮助被辅导者掌握所需的知识、技能和能力	掌握解惑相关技巧，在授业的基础上，能较好地向被辅导者进行企业文化的传承，并提供职业心态、职业发展方向等方面的建议和意见	掌握授业和解惑相关技巧，并能熟练运用。能较娴熟地与被辅导者建立互信、尊重的关系，双方形成良性沟通和互动，做到教学相长	能通过面授课程向初级、中级导师讲授带教辅导技巧相关课程，并在日常导师工作中对初级、中级、高级导师进行相关辅导和指导
导师相关工作的参与	为导师管理制度、导师制项目、导师工作的改善等提出有价值的建议和意见	参与带教辅导内容的更新和迭代工作，并为带教辅导方法、工具、表单的改进负责	参与带教辅导内容的开发和设计，是教学内容的主要贡献者	参与导师选拔、资质评定工作；参与策划导师制新项目，并为组织绩效改善提供建议和意见

图 3-3 导师的任职要求

一些企业比较注重导师的从业经验、专业资质、岗位职级、近期业绩达成状况等，认为这些要素也应作为导师的任职要求，企业可根据实际需求制定任职要求。

导师的认证

导师第一次被选拔入库后，一般可被认定为经过选拔的初级导师，即可颁发初级导师资质证书。对在库导师的晋级认证，同样可通过资料审核、面试或公开竞聘等方式进行。在晋级认证中，需要注意根据不同级别导师的要求，重点测评候选导师在传道、授业、解惑3方面的技能，也需要着重考察候选导师在过往担任导师期间曾经参与的与导师相关的工作表现。

建议基于导师能力模型和不同级别的导师要求，开发不同级别、不同考评方式所对应的测评工具，如资料审查表、面试评估表、竞聘评分表等，并对评估人员进行相关赋能。这样就能让导师的认证更系统，更有依据，也更专业。

【场景7】导师证书，适时颁发

给带教导师颁发证书很重要吗？什么时候颁发合适呢？

【场景问题解析】

在大多数企业中都有师带徒的传统和土壤，特别是新员工加入企业后，其上级或部门中的业务骨干就顺理成章地成为新员工的"师父"，他们经常把新人带在身边，进行知识和技能的传承，并为新员工答疑解惑。而这些"师父"，从未被正式地认证或聘用为导师，也没有得到任何认证证书或聘书。随着人才发展工作者对导师制的认知越来越深入，企业开始思考导师认证的事情。但是，应该什么时候颁发证书呢？是选拔了就颁发，还是培训后再颁发，抑或是经过培训知识测试、导师技能演练、带教辅导内容开发成果验证之后再颁发呢？

以上问题的答案视企业导师制开展的成熟度和状况而异。导师制开展成熟度较高的企业，有条件通过完整和科学的选拔程序，对候选导师的相关知识、技能进行全面测试和评估，向符合条件的导师颁发认证证书。而导师制开展成熟度稍低的企业，参与培训的情况、课后作业（如带教手册）的质量、训后的知识测试和技能演练就可能成为导师选拔、测试和考察流程的一部分。这样，企业就会在培训后经过一系列测试，对合格者颁发认证证书。有的企业导师数量不足，候选者只要符合部分条件，就直接被认定为导师，再组织导师赋能培训来帮助他们掌握导师方面的技能。因此，各家企业需要根据自己的实际情况来衡量和决定哪个时间节点是最适合做导师认证的。

需要指出的是，建议企业区分导师认证证书和聘书的用途。导师认证证书可作为导师库管理导师的工具，而对于为某一导师制项目聘用的导师，则可颁发导师聘书。

导师学习地图

为了帮助导师掌握相关技能并持续提升，人才发展工作者可根据企业内定制的导师能力模型和对不同级别导师的要求，开发导师学习地图，解决导师在什么阶段学什么、怎么学、学多久的问题，在加速导师成长的同时，更能让导师清楚地了解自己的能力提升路径，认识到成为导师在能力提升上的收获，促进导师价值的升华。

以下是基于本书提出的导师能力模型和导师发展通道等相关内容，演绎、推导出的通用的导师学习地图，供人才发展工作者参考（见图 3-4）。

基于导师学习地图，人才发展工作者既可以对导师的培养学习内容进行整体的规划，确认合适每个主题的学习形式，如线上学习、课程面授、任务历练等，并统一开展学习内容的系统开发或外部采购，也可以基于不同导师制项目的需求和目标，选择当期所需的学习主题，并匹配合适的学习形式，形成针对某一项目给予某一导师群体赋能的培养项目。针对选定的学习主题，可组织内部专家进行学习内容开发或在企业外部进行课程内容采购等。从每个项目中累积不同主题、不同学习形式的内容资源，最终也能夯实企业内部导师的学习资源，逐步丰富企业内部导师的学习内容。

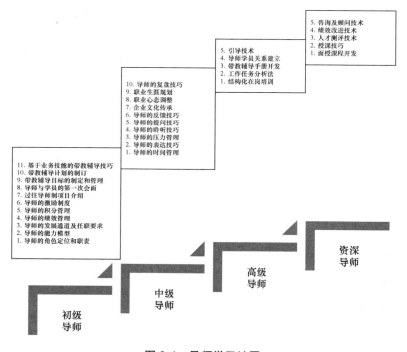

图 3-4　导师学习地图

3.4　导师的激励制度（激励）

对具备内驱力的导师，使用不同形式的外部刺激来促进其进行带教辅导，是导师激励制度设计的初心，也是导师激励制度的最终目标。一般而言，企业中的导师激励方式有评优与表彰、现金报酬与奖励、发放导师纪念品，以及与绩效、能力提升、晋升等相关的激励措施。

评优与表彰

评优与表彰是企业对取得良好培训工作业绩和显著工作成果的导师实施的激励，是实施导师制的企业最常用的激励方式。常见的奖项包括最佳导师奖、最佳师徒奖、最佳带教辅导手册奖等，颁奖周期一般以季度、半年度或年度来设置。对于日常使用导师积分制度的企业，评优最简单直接的依据是导师在某一限定周期内的积分汇总情况。若企业内没有使用积分制度来管理导师，则需要在奖励周期伊始公布各个奖项评估的维度及其对应的权重，一般的评估维度包括被辅导者的数量、带教辅导的时长、带教辅导计划的完成率、被辅导者在各学习模块上的考核成绩、被辅导者的试用期通过率或新角色/新岗位准备度、学员/导师上级/HRBP 等对导师的评分等。

对于每次的评优结果，人才发展工作者都应举行隆重的表彰仪式，授予导师奖杯/奖状及奖金。这样做一方面可以给予优秀导师认可和荣誉，另一方面可以在更大范围内提升导师制在企业中的影响力，吸引更多人才加入导师队伍，从而在为企业的人才发展贡献力量的同时，培植企业内的带教辅导文化。

现金报酬与奖励

现金报酬与奖励作为导师激励的一种方式，有利有弊。现金激励的好处是能比较实际地满足导师在收入上的需求，但对现金的发放标准、发放额度的把握是一门艺术。人才发展工作者可根据组织的实际情况，考虑是否使用现金报酬与奖励作为对导师的一种激励方式。

带教辅导费是给导师发放现金报酬较常用的一种方式，是在聘导师实施带教辅导工作所获得的激励性报酬，是企业对各级别导师在本职日常工作外对培训活动所做贡献的认可。通常根据企业的实际情况、认证导师的不同级别、导师在一定周期内所取得的积分等，设定和执行不同的带教辅导费标准和额度。带教辅导费可按月度、季度、半年度或年度发放。而对于被选拔成为某个导师制项目的导师的人，则可考虑按照每完成一个带教辅导模块或每完成一个学员的所有带教任务来发放带教辅导费。

给予导师的现金奖励还包括一次性奖金，奖励内容有开发带教辅导手册奖金、导师制项目改善建议奖金、导师因评优而获得的奖金等。

发放导师纪念品

导师纪念品是成本稍低的、较为有效的、便于日常使用的激励方式。常用的导师纪念品包括导师帽、导师服、为导师拍摄专业照、特制的导师别针和杯具等。导师可以将这类纪念品挂在办公室的墙上，摆在办公区域，提升导师的角色认知和自豪感。

与绩效、能力提升、晋升等相关的激励措施

在众多激励措施中，作用较大、效果较好的是与绩效、能力提升和晋升相关的激励措施。

✓ 与绩效相关的激励措施。有些企业考虑到导师在工作过程中花了较多的时间对被辅导者进行带教辅导，于是对导师的业绩考核指标进行调整，同时也提供一些资源以帮助导师更好地达成业绩目标。例如，在笔者服务过的一家连锁酒店中，销售管理者作为新员工的导师，在带教辅导期内，其签约目标可相对降低，并且优先于其他人获取来自公司渠道的、有价值的客户资源信息。此类激励措施能促进导师更愿意花时间和心思在带教辅导工作上，用心帮助新员工成长。

✓ 与能力提升相关的激励措施。有些企业刻意把外出学习、培训、参访的机会留给导师，以此作为对导师的激励。导师参加外部学习，一方面可拓宽视野，提升能力，为职业生涯发展做准备；另一方面可在学成归来后，将所学内容进行内化，开发出符合本企业工作实际需要的学习内容资源，分享给被辅导者及更多的员工，让更多人受益。

✓ 与晋升相关的激励措施。重视导师制、认为导师历练对成为管理者有正

向促进作用的企业，一般都把成为导师、成功带教辅导出人才作为晋升的必要条件。这样既可以激励更多有志于往管理方向发展的人才成为导师，帮助企业挖掘、储备有潜力的管理人才，建设管理人才梯队，也可以让导师制及导师相关项目成为培养管理者的抓手。导师在成长并胜任的过程中所收获的经验、所提升的能力必然会成为其日后晋升为管理者的宝贵财富。

【实操案例 8】

某金融企业设计的导师培养项目

某金融企业为导师制的培育和激励设计并开展了"四台"联播模式的导师培养项目，打造学习型导师队伍。该项目从 4 个方面着手：搭建平台、开设擂台、创造舞台、引入外台，结合学习型氛围建设，充分调动导师学习的积极性，为导师选、用、育、留孕育良好的土壤，完成企业导师全生命周期的激励和激活。具体表现为如下几点。

➤ 搭建平台：搭建导师队伍管理体系平台，为企业持续发展提供原动力。

➤ 开设擂台：打破原有的学习方式，通过认证比赛、行动学习评比、兄弟公司比拼赛等多种方式形成良好的竞争学习氛围。

➤ 创造舞台：要想让导师最终为企业所用，最重要的一点就是"实践"，创造更多的实践舞台是壮大导师队伍必不可少的环节。

➤ 引入外台：引进专业版权课程，赋能导师队伍。

【名企标杆分享 2】行业典范：华为的导师制

华为在 20 世纪 90 年代聘用了 20 余位退休老专家作为第一批思想导师，发展到后来的"全员导师制"，其导师制实践堪称行业典范。华为导师制最终的目的是进行人才培养，其导师职责全面覆盖了"传道、授业、解惑"三大领域，即思想上的指引、业务上的"传帮带"、生活上的引领。在导师管理办法中，华为明确了导师的七大角色，分别如下。

✓　教师、教练和辅导员。

- ✓ 榜样。
- ✓ 能力与潜质的开发者。
- ✓ 值得员工信赖的保护人。
- ✓ 技术带头人、提携者。
- ✓ 提供机会和纠正错误者。
- ✓ 思想引导者。

在导师激励方面，除了导师费补助、优秀导师奖金等现金激励，更重要的是华为把员工的职业发展和担任导师捆绑在一起，在制度中规定了"没有担任过导师的员工，不得被提拔为行政干部；不能继续担任导师的，不可再晋升"条款，激励全员争当"好导师"。

另外，在华为的导师管理办法中，还提出了导师和培养对象的申报、考核、调整相关要求，详述了导师工作的具体流程和规范。这份导师管理办法为华为内部导师制的开展提出了明确的方向，并提供了清晰的指引。

本章关键点

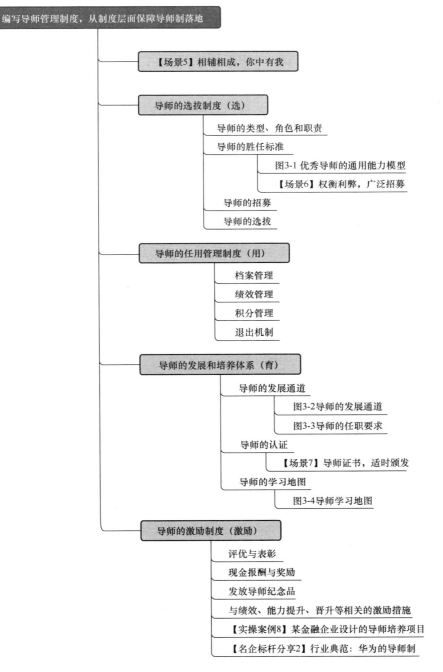

4 第4章 设计导师制项目，推动导师制执行

明确了对某个具体的导师制项目的需求和目标，有了清晰的导师管理制度作为指引，接下来要做的是根据导师制的特点和需要解决的关键人才问题，对导师制项目进行规划和设计，包括决定采取什么类型的导师制来开展本次项目，整个导师制项目的周期应该设置多长比较合适，师徒按照什么样的标准和形式进行匹配更适合，过程中需要设置哪些活动来支撑项目目标，项目的进度应该如何设置和管理，项目利益相关方有哪些，如何与他们有效沟通，以及项目的风险该如何管理等，这些事情都需要在项目设计环节明确下来。

项目设计的重要性毋庸置疑，有了清晰的项目规划，就有了明确的工作路线，让利益相关方了解项目是什么，也让项目组成员知道在什么时候、以什么样的方式做什么、怎么做。

4.1 项目的整体设计

给导师制项目做整体设计，需要确定项目范围、项目周期、项目类型、师徒匹配及活动设计。

项目范围

基于前期设定的关键人才需求，项目需要确定纳入哪些参与者。通常情况下，以被辅导者的数量需求和师徒匹配比例来反推所需导师的数量。一般而言，在同一个项目中不建议导师与被辅导者的总量太大，否则需要为这个项目配备较多的人手进行带教辅导进度的监控。项目设计者可根据人才需求的迫切程度、导师和被辅导者分布的地域范围、项目组的人手状况来综合考虑，决定参与项目的

导师与被辅导者的数量。

项目周期

在企业中，一个培养项目的周期为 3～18 个月不等。项目周期一般与企业所处行业、发展阶段、人才管理的成熟度等因素相关。通常企业所在的行业市场竞争压力越大，业务发展速度越快，人才管理成熟度越低，就越倾向于实施"短平快"的培养项目。导师制项目作为人才培养项目的一种重要类型，项目周期的设定大致符合以上原则。但导师制项目也有其特殊性。与轰轰烈烈的集训项目相比，导师制项目在实施过程中显得"润物细无声"。因此在某些企业，导师制项目的周期甚至可以设定为"无期限"，也就是没有明确的项目结束日，只要有学员需要带教辅导，只要能为学员匹配合适的导师，项目就可以一直延续下去。虽说"无期限"的导师制项目能对企业持续建立带教辅导文化起到正面的促进作用，但这种做法也存在一些弊端。例如，项目周期如果过长，利益相关方的关注度就会慢慢下降，导师和学员投入的热情也可能会逐渐降低。如何持续激励利益相关方的关注和投入是"无期限"导师制项目需要解决的一大问题。而在大多数情况下，企业导师制会基于被辅导者的学习需求来决定项目周期。例如，针对新员工的导师制项目，周期通常设定为新员工的试用期时长（一般为 6 个月）；针对新任管理者或高潜后备的导师制项目，周期则与集训项目的步调一致，以集训项目的结束日期为导师制项目的结束日期（一般为 3～12 个月）。

项目类型

项目类型的选择是项目设计的基础环节。基于项目需要达成的目标，同时考虑到导师库的情况，导师制项目负责人需要决定是采用一对一导师制、小组导师制、混合型导师制还是多对一导师制。一般而言，对于校招生，特别是管培生，企业愿意动用更多的、不同领域的导师对其进行带教辅导，一方面是因为学生更需要被关注，另一方面是因为企业中更可能拥有相对充足的、有能力担当学生导师的资源，因此采取一对一、多对一导师制的情况比较多。就如本书所提到的，业务导师和人力导师搭配、技能导师和生活导师搭配、定岗导师和轮岗导师搭配等情况比比皆是。而对于企业中任职时间相对较长的被辅导者，如高潜人才、管理者后备、新任管理者，以及老员工，若导师资源充足，可采用一对一导师制；若导师资源缺乏，则可考虑小组导师制或混合型导师制（"小组+一对一"，让被辅导者相互成为对方的同伴导师）。

对于小组导师制，需要考虑的另一个问题是一名导师同时带教辅导的对象数量的上限。通常来说，数量上限是基于被辅导者的成熟度决定的。被辅导者越成熟，对导师的依赖和需求程度越低，那么一个导师可同时带教辅导的对象就越多。例如，一名技术专家可以同时带领 5～8 名技术级别稍低的工程师共同学习某个技术领域的新技术，探索和研讨前沿技术；一名资深的管理人员可以同时带领 2～3 名新任管理者共同拓宽管理视野，促进管理能力提升。但对于校招生，应尽量采取一对一导师制，若企业不具备为一名校招生配备一名导师的条件，建议一名导师同时带教的校招生不超过 3 名，且让校招生之间互相配对成为导师，以减少导师在带教辅导时间投入上的压力。

师徒匹配

➤ 师徒匹配的原则

一般而言，师徒匹配应遵循"需要提升哪个领域，就向哪个领域的专家学习"的大原则。以提升岗位知识技能或某个专业领域的技术为主要目的的导师制项目，师徒匹配主要以专业领域、专业程度为主要标准；以拓宽管理视野和提升管理能力为目的的导师制项目，师徒匹配则以被辅导者的职业发展方向、管理短板与导师长处的契合为主要考量因素。因此，新员工的导师通常是其所在岗位的绩优业务专家，而管培生或管理高潜后备的导师则是其所要发展的管理领域的资深管理者。

师徒匹配在满足领域匹配这个大原则的前提下，还可以考虑人口特征、背景经历及兴趣爱好、个性风格等辅助因素。

- ✓ 人口特征。人口特征包括性别、年龄、籍贯、民族、宗教信仰、受教育程度、常驻地等因素。"男女搭配，干活不累"似乎不太适用于师徒匹配，一般而言，同性别师徒更容易建立关系和便于开展带教辅导。常驻地则是影响师徒互动便利性的一个重要因素，由于异地师徒大部分时间只能采用线上沟通的方式，在一定程度上影响了关系的建立，师徒匹配采用就近原则对导师制项目的开展是有利的。师徒在年龄、籍贯、民族、宗教信仰、受教育程度上的匹配则受各企业的文化影响，不能一概而论。

✓ 背景经历及兴趣爱好。背景经历及兴趣爱好包括毕业学校、专业、曾经服务过的行业/企业/职能/岗位、在本企业的司龄及兴趣爱好等因素。通常，有着相似的背景经历或兴趣爱好，会让师徒更容易找到共同话题，更快地建立连接和相互理解。

✓ 个性风格。个性风格指的是性格、行事风格或行动的倾向性。至于师徒之间的风格越相近越容易建立信任关系，还是风格差异越大越容易建立信任关系，并没有规律可循，是否把个性风格作为师徒匹配的参考因素，需要根据企业的实际情况而定。

◆▶ 师徒匹配的方式

除了设定师徒匹配原则，还要为项目确定师徒匹配的方式。企业中常用的师徒匹配方式有以下 3 种。

✓ 项目指定。若导师和被辅导者来自不同的部门/职能，项目组织者根据设定的匹配原则，对导师和被辅导者的各维度信息进行整合，直接配对师徒后，予以公布。对于新员工或新技能导师，通常由用人部门的管理者根据新员工岗位、新技能的特点及本部门人才能力分布状况进行推举和指定。有些企业则直接让被辅导者的直属上级作为导师。采用指定的方式进行师徒匹配，既能充分考虑企业或部门内的实际情况，确保导师资源得到公平和有效的分配，也能比较高效地完成师徒匹配环节。但采用这种方式有时也会导致"强扭的瓜不甜"，这时就需要相关方去沟通和提出解决方案。建议项目组预先针对这种情况制定备选方案，如为一名导师（被辅导者）指定一名首选的被辅导者（导师）和一名备选的被辅导者（导师），这样更能增加这种匹配方式的灵活度。项目指定是企业最常用的师徒匹配方式。

✓ 自行配对。有些企业把导师和被辅导者的相关信息放在一个线上平台上展示，或者通过系统发布给项目参与人，让相关方自由选择心仪的导师/被辅导者。这样做的好处是可以发挥参与者的主观能动性，参与者在后期建立师徒关系时会为自己的选择负责任。但这种方式比较耗时，沟通范围相对广，沟通成本也相对高，效率可能不太高。采用此种配对方式，除了需要考虑是否会因为相对保守的员工关系或企业中层级太分明而造成参与者选择时有压力，还需要注意增加灵活性，让参与者根据自己的偏好选择 2～3 个选项，并指明优先顺序。这样导师制项目的组织者可以在确认师徒配对名单中留有余地，在项目整体层面做相关的统筹和衡量，避免出现某些导师特别受欢迎，而另一些导师被冷落的情况。

✓ 随机匹配。这是师徒匹配中最简单粗暴的方式，可通过专用的系统或软件进行，并让系统或软件自动识别需要多大程度的"随机性"，如依照领域匹配的大原则、其他因素随机，或者所有因素都随机。需要注意的是，由于这种方法的风险是太随机，可能出现师徒情况完全不匹配、项目无法达成的情况。在现实中，随机匹配也是企业采用较少的匹配方式。

活动设计

在项目周期中开展目的不一、形式多样的活动是导师制项目的必选项。这些活动既能帮助导师制项目在相对长的项目周期内，在不同范围、不同人群中持续保持热度和影响力，也能为导师和被辅导者提供心理、专业上的指导和支持。以活动开展的对象分类，可以安排以下 3 种类别的线上或线下活动。

✓ 导师社群：包括导师座谈会、优秀导师分享会、导师相互帮扶活动、导师技能辅导、导师技能大赛等。导师社群活动的目的是建立导师支持系统，让导师有机会建立彼此之间的连接，分享在项目中作为导师角色的酸甜苦辣，彼此学习，彼此鼓励，彼此支持；同时也帮助导师强化技能，让他们越来越胜任导师角色，并从导师角色中收获更多的成就感。

✓ 徒弟社群：包括被辅导者座谈会、优秀学员分享会、学员结对子活动等。通过这些活动，一方面可以在被辅导者中树立优秀学员的榜样，也让他们之间相互帮助，另一方面可以促进被辅导者反思总结，并为他们提供展示能力和成长的机会与平台。

✓ 导师与徒弟社群：包括导师和徒弟团结活动、被辅导者的学习成果汇报会、述职会等。这方面的活动和会议在促进导师和徒弟相互了解、建立更深入的关系的同时，也提供了一个平台让导师了解被辅导者的整体学习状况和能力水平，为导师的带教辅导方向提供更清晰的指引。

项目设计的整体呈现

项目确定了范围、周期、类型和师徒配对的原则、方式，也设计了相应的活动之后，整体框架就基本成形了。从项目内容的汇报和宣导来说，大多数企业会把以上内容通过图示的方式展示，让利益相关方从整体上了解项目概况，如图 4-1所示。

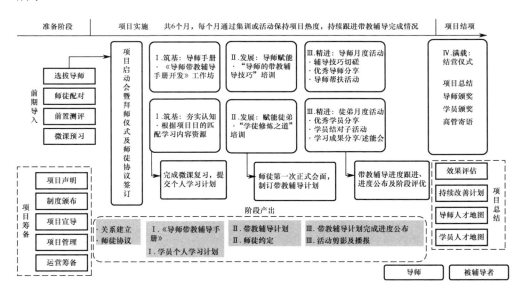

图 4-1　导师制项目概览示例

在图 4-1 中，整个项目基于 AD^5SE 模型的八大要素设计，8 个步骤贯穿在项目的准备、实施和结束阶段：从前期的项目宣言、制度颁发，开始阶段的拜师仪式，到过程中以工作坊、赋能培训、不同形式的活动串联整个项目，并保障各项跟进工作的实施，实现手册开发、赋能师徒、提供支持、持续跟进，最后进行评优、颁奖和总结，完成项目评估，并为持续改善做铺垫。通过设计，明确开展导师制项目的思路，为整体工作的铺排做指导，最终推动项目的实施和落地。

4.2　项目的进度管理

导师制项目的进度管理十分关键。正如前文所说，与企业内其他人才培养项目相比，导师制项目天然就具有项目周期长、涉及的利益相关方多的特点，并且项目中存在导师与被辅导者的带教辅导是否能按计划进行，他们之间的关系和信任是否能顺利建立等不可控因素，因此需要有一个导师与被辅导者以外的"第三方"进行管理。在企业里，这个"第三方"通常是公司级别的人才发展工作者，或者是业务部门的 HRBP 等项目小组成员，他们负责项目进度的跟进和公布。这时候，作为项目负责人，需要根据项目进度管理流程，为导师制项目的跟进和监控确定进度目标，编制进度计划，制定监控及反馈进度的相关要求，提供进度管理工具，给予项目小组成员清晰的指引，确保进度管理工作有条不紊地进行。

确定进度目标

基于项目周期、项目里程碑（通常是项目中比较重要的活动，如项目启动仪式、带教辅导手册开发工作坊、师徒赋能培训、定期组织的师徒活动、项目结项会等），把项目划分为不同的阶段，并基于活动的特点预估每个阶段所需时长，为每个阶段设置合理的进度目标。

需要注意的是，除了以上提及的项目里程碑，还需要关注导师对被辅导者的带教辅导情况，这是导师制项目实施的核心所在，其他所有的活动都是围绕带教辅导工作的实施而设计和服务的。而带教辅导计划或个人发展计划就是一个很重要的抓手。导师与被辅导者共同制订的计划及其所呈现的时间节点，就是师徒共同的进度目标。在大部分的导师制项目中，由于不同的被辅导者的学习内容不一样，带教辅导计划的内容和开展的节奏不尽相同。项目进度监控责任人应该如何从整体上对带教辅导的进度进行跟进和把控呢？这是在确定进度目标时需要定下的大原则。对于项目涉及的师徒人数较多、跟进人手相对不足的情况，建议根据项目周期和时长比例推算带教辅导内容应该完成的百分比，以项目周期为 24 周为例，当项目进展到第 12 周时，设定的带教辅导内容应该完成 50%。对于项目涉及的师徒人数不多、跟进人手也相对充足的情况，则建议以个性化的带教辅导计划及时间节点为进度目标。

编制进度计划

有了整体的项目进度目标，也明确了师徒带教辅导工作的跟进原则，就可以据此把项目的大小事项列成清单，为每个事项设定时间节点，编制项目进度计划表（见图 4-2），作为监控项目整体进度的蓝图。

序号	项目里程碑/活动	第○个月	第一个月	第二个月	第三个月	第四个月	第五个月	第六个月	第七个月
1	项目目标声明研讨工作坊	■							
2	发布公告，启动项目	■							
3	导师管理制度共创工作坊	■							
4	导师制项目设计共创工作坊	■							
5	颁布导师制度和项目规划	■							
6	招募及认证导师	■							
7	师徒配对	■							
8	拜师仪式及签订师徒协议	■							
9	导师手册开发工作坊		■						
10	导师技巧赋能培训		■						
11	徒弟技巧赋能培训		■						
12	提交带教辅导计划		■						
13	导师技巧PK赛			■					
14	学员结对子活动启动			■					
15	辅导进度跟进及公布（1）			■					
16	导师与学员团建活动				■				
17	辅导进度跟进及公布（2）				■				
18	导师帮扶活动启动					■			
19	学员技巧PK赛					■			
20	辅导进度跟进及公布（3）					■			
21	优秀导师分享						■		
22	学员述能会						■		
23	辅导进度跟进及公布（4）						■		
24	导师帮扶活动分享							■	
25	学员结对子活动分享							■	
26	辅导进度跟进及公布（5）							■	
27	评选优秀导师、学员								■
28	项目结营仪式								■

图 4-2　导师制项目进度计划表示例

在图 4-2 中，导师制项目进度计划周期为 6 个月，跟进频率为每月一次。如果跟进人手相对充足，可以把跟进频率调整为每半个月一次，效果会更加理想。但即使跟进人手有限，也不建议超过一个月才跟进一次，尤其是在项目刚开始，师徒最需要帮助的阶段。

4.3 项目的人力资源、干系人及沟通管理

一般企业内的导师制项目规模较大，涉及的人员较多，所以需要在项目设计阶段就做好人力资源、干系人识别及沟通的规划工作。规划项目所需的人力资源，清晰地定义项目的利益相关方，为每类人群设定其项目角色、职责和沟通机制，以便在项目执行过程中有据可依，是此类项目成功的关键因素之一。

导师制项目的项目负责人一般为组织的总部或事业部负责人才发展的管理者。在项目发起阶段，项目负责人从项目发起人那里承接项目需求，需要厘清项目能解决的关键人才问题，并与项目发起人达成共识，输出项目成功声明。在项目筹备阶段，项目负责人需要基于项目所需规划人手，成立项目小组，设计导师制项目方案，做好项目预算，构建师徒沟通、支持平台和监控渠道或系统。在项目实施阶段，项目负责人需要推动导师制项目的实施，协调内外部项目资源，把控项目里程碑（如项目启动、拜师仪式、赋能师徒等活动）的质量，并提供整体指导和监督。在项目收尾阶段，项目负责人需要组织项目的评估和汇报工作。

在导师制项目中，项目负责人是与所有利益相关方沟通的枢纽。在项目沟通中，要正确识别干系人，管理好各方的期望值。因此，除了组织项目小组定期沟通项目中的各事项和监控进度，随时与业务部门、导师和被辅导者代表沟通了解实况，项目负责人还需要特别注意保持与项目发起人之间的沟通，确保项目发起人对项目的关注和支持。

根据项目干系人管理四象限（见图 4-3），项目负责人可识别干系人，制定相应的沟通策略，有效推动项目和管控进度。

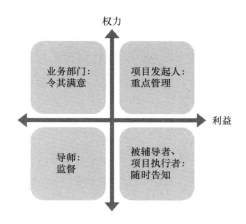

图 4-3 项目干系人管理四象限

项目发起人：重点管理

项目发起人一般为组织或事业部的高管，他们提出项目需求和项目期望，对项目的进度和结果都十分关注。由于他们在企业内所处的位置都比较有影响力，对建立企业的导师文化、推动项目顺利开展具有举足轻重的作用，因此需要邀请他们出席项目的关键会议，参与项目的关键活动，如项目启动会、结营仪式、颁奖典礼等。如果条件允许，可以让他们以特约导师的身份在项目中向导师、被辅导者分享经验和心得。在有可能的情况下，还可以邀请他们担任项目中某些层级较高的学员的导师，让他们发挥榜样的作用。

作为项目负责人，需要定期向项目发起人汇报项目的进度和阶段性成果，以取得他们的支持和信任。如果在项目中遇到了挑战和困难，项目负责人也可借此机会向项目发起人寻求资源和时间上的帮助。

● 【场景 8】提高汇报级别

项目的开展需要通过向高管、相关领导汇报来获得他们的支持。可是，他们都好忙，要把他们全部召集在一起参加汇报会议，实在太有难度啦！

● 【场景问题解析】

要向项目发起人做定期汇报，就要预约他们的时间。通常，他们业务繁忙，时间非常难预约；即使提前预约，也可能会因为临时有比这类汇报更紧急的事情而被推迟或搁置。比较好的办法是让导师制项目的进度和阶段性成果汇报成为较高级别的管理层会议的常规内容，这样既能让定期汇报的实施成本降到最低，还能保持导师制项目在管理层的关注度和热度，一举两得。

业务部门：令其满意

业务部门指的是被辅导者所属的部门。对于新员工的导师制项目，业务部门也是导师所在的部门。业务部门是导师制项目的最终受益者，被辅导者经过培养，将服务于这些业务部门。因此，业务部门的各级管理者在导师制项目中也扮演着非常重要的角色。他们负责提出被辅导者的发展需求，选拔及推荐导师人选，支持导师和被辅导者参加赋能培训和投入到日常的带教辅导工作中，并积极为导师和被辅导者提供项目中所需的支持，还要客观运用考核结果，为导师制项目提出改善建议和意见。

在企业中，虽说业务部门是人才发展项目的受益者，但业务部门的各级管理者因受认知和时间的限制，对此类项目的关注度和对项目价值的认可度一般不会太高。项目的管理者、执行者需要注意与他们加强互动，多关注他们对项目的反馈，多收集他们对项目的建议和意见，多基于他们的反馈进行项目的改进，目的是令他们满意；同时要多利用他们来推动项目，特别是推动带教辅导进度的达成。需要提醒的是，项目负责人需要有意识地强化业务部门对项目的责任，提升他们对项目的重视程度，努力做到前文所说的项目合作境界——"荣辱共担，责任各半"。

导师：监督

作为导师制项目的主角之一，导师的角色、职责、胜任要求等内容在第 3 章已经详细论述了。在项目的沟通上，导师通常是相对被动的角色。他们的带教辅导进度和效果会被定期跟进和监督，经常被问及参与项目的体验和建议，同时还忙于应对被辅导者提出的各类问题。项目负责人和执行者在与导师沟通，执行监督工作时，需要注意把控沟通频率，既要避免因沟通过于频繁而影响导师的本职业务工作，也要避免因沟通过少而不了解甚至不关心导师的状况及体验。同时，在沟通中需要注意积极影响导师，强化导师的角色定位，加强他们对导师价值的认知，从而提升导师的内驱力。

被辅导者：随时告知

被辅导者同样是导师制项目的主角之一，更是项目的受益者。经过在项目内的培养，他们在心态上、能力上都能为新的岗位、新的角色做更充分的预备。他们需要与导师共同制订带教辅导计划或个人发展计划，根据计划认真学习并学以致用，过程中遇到不明白的问题要积极提问，同时还要主动与导师交流思想动态，完成导师布置的工作任务。

作为被辅导者，在与导师互动的过程中，都会收获正面和负面的体验。但基于各种考虑，大部分被辅导者都倾向于把感受和想法埋藏在心里。作为项目负责人和执行者，需要额外留意被辅导者的状态，建立与他们及他们彼此之间更频密的沟通机制，以便随时告知项目相关信息，同时设置更多的互动活动，关心他们，赋能他们，激励他们，帮助他们更流畅地与导师沟通，更自由地在导师面前表达自己的想法，同时多创造机会让他们展示自我，建立自信，最终让他们更好、更快地成长。

项目执行者：随时告知

项目执行者一般为项目小组成员，由人才发展工作者及（或）各业务部门的 HRBP 组成。他们具体执行导师制项目的各项任务，跟进和汇报带教辅导的进度，及时给有需要的导师和被辅导者提供支持，收集并向上反馈项目中出现的问题。通常情况下，项目执行者需要花较多的时间和精力在带教辅导进度的跟进和为师徒提供支持上，包括带教辅导计划或个人发展计划、各类记录的催收、检查、登记、汇总、分析和沟通。因此，项目负责人需要客观评估各个成员在导师制项目中的工作量，合理估算项目所需要的人手，这样才能为项目提供充足的人力资源，从而为导师和被辅导者提供所需的支持，输出良好的项目体验。

在项目中，负责跟进带教辅导进度的成员由于需要频繁地与导师、被辅导者接触和沟通，所以他们是最了解导师和被辅导者的心态、投入程度、能力状况、带教辅导效果及所遇到的困难、挑战的人，也是在日常工作中最直接影响导师和被辅导者对项目的体验的人。项目负责人需要密集地、定期地与项目执行者沟通，随时告知他们项目的整体方向和变化，同时也从他们那里获得导师和被辅导者的第一手信息。

以上列出的是项目的内部干系人及其沟通管理。然而，在企业导师制项目中，一般会由咨询公司作为外部的合作伙伴提供导师制项目的专业咨询和培训服务，包括但不限于带教辅导手册开发、导师赋能、被辅导者赋能、导师管理制度梳理和编制、导师制项目设计等。项目负责人需要委派专门的项目小组成员基于项目预算进行此类外部资源的识别、配置和管理，确保与匹配的合作伙伴保持项目需求和交付方面的沟通，让外部力量支持内部项目的成功。

4.4　项目的风险管理

在项目设计阶段，基于导师制项目的特点，项目负责人需要把本企业内实施导师制项目的风险进行逐一识别（见图 4-4），并为较高级别的风险做好预防措施和应对预案。

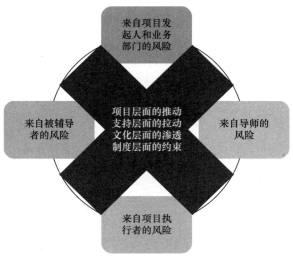

图 4-4　导师制项目风险分析

来自项目发起人和业务部门的风险

此类风险表现为未能澄清项目发起人和业务部门的真实需求，未能在项目设计阶段与他们就项目的量化目标达成共识，导致在项目收尾的评价阶段无从评估项目成功与否。有时候项目负责人、执行者和导师们忙乎了好几个月甚至一年，却不清楚项目是否成功，那种感受真的是难以言喻。但其实这是企业中大部分导师制项目的情况。因此，需要在项目开始前，而非项目结束时，设定项目成功的量化指标，并与利益相关方达成共识。

来自导师的风险

此类风险表现为导师在资源、动机、时间、能力四个方面的不足。在企业里，绝大部分导师都是兼职导师，加上他们对导师角色、职责和价值的认知度普遍偏低，更会影响其对项目的投入。而导师投入是项目成功的关键，因此在应对这些不足的措施方面，如项目类型的选择、对导师的激励和赋能等，要做出相对的倾斜。

除了以上导师"不足"因素导致的风险，由于各种原因引起导师在项目中的体验不好也是高风险之一。提升导师体验的行动包括围绕"推拉结合，软硬兼施"思考框架中的各要素来考虑内容，如推动方面的项目设计、拉动方面的导师支持、软性方面的带教辅导文化建立、硬性方面的导师激励制度，从而在方方面面让导师感觉良好。

来自被辅导者的风险

此类风险表现为被辅导者的学习动力不足，以及在与导师的沟通中缺乏信心和技巧。这种现象在新员工导师项目中尤为典型。被辅导者的学习动力不足，可以通过选拔环节来规避。在招聘新员工时，在选拔后备管理人才入库培养时，在发展老员工新技能时，借助专业测评工具，重点考察人员的动力，尽量选拔那些内驱力强的候选人进入企业或项目。而对于被辅导者与导师的沟通问题，则可通过安排赋能培训、结对子、帮扶等活动进行预防和规避。

除了导师或被辅导者单方面出现的问题引发的项目风险，还需要考虑导师和被辅导者之间的关系建立未达期望，或者师徒之间的信任难以建立所带来的风险。为尽量减少此类风险对项目的负面影响，项目负责人除了要在师徒匹配原则和方式上尽量考虑得更全面一些，最合适的措施是企业内有备选导师，可替换原导师，让师徒的带教辅导和彼此之间的关系建立尽快进入正轨。

来自项目执行者的风险

对绝大部分项目执行者而言，他们不只服务于单一的人才发展项目。项目执行者对项目所投入的时间和精力不足是导师制项目的其中一个风险来源。特别是对那些负责带教辅导进度跟进的项目成员来说，他们在项目中的角色相当于生产线上的质检人员，假如项目里缺少了带教辅导进度的监控和跟进，对项目造成的风险就可想而知了。项目负责人在项目设计阶段必须做好项目所需的人力资源评估，并为项目争取和协调相对充裕的人手，只有这样才有可能降低此类风险对项目造成的负面影响。但在大部分企业中，项目负责人往往因为对导师制项目认识不足，都倾向于低估项目所需的人力资源，普遍造成项目内人手不足、项目跟进和推进相对被动的状态，导致导师和被辅导者项目体验不佳，甚至造成项目虎头蛇尾的结果。

从以上风险分析中可见，导师制项目成功要素的"推拉结合、软硬兼施"思考框架正是规避和降低项目风险的"良药"，通过项目层面的推进、支持层面的拉动、文化层面的渗透、制度层面的约束，减少项目风险。而嵌入 S-OJT 的导师制项目 AD^5SE 模型恰恰遵循"推拉结合、软硬兼施"思考框架开发了用于设计此类项目的八大步骤，其目的是全面降低项目风险，促进项目成功。

本章关键点

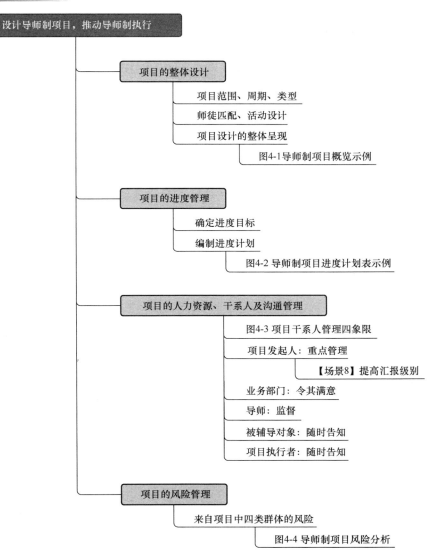

设计导师制项目，推动导师制执行

项目的整体设计
项目范围、周期、类型
师徒匹配、活动设计
项目设计的整体呈现
图4-1导师制项目概览示例

项目的进度管理
确定进度目标
编制进度计划
图4-2 导师制项目进度计划表示例

项目的人力资源、干系人及沟通管理
图4-3 项目干系人管理四象限
项目发起人：重点管理
【场景8】提高汇报级别
业务部门：令其满意
导师：监督
被辅导对象：随时告知
项目执行者：随时告知

项目的风险管理
来自项目中四类群体的风险
图4-4 导师制项目风险分析

5 第 5 章　启动导师制项目，多方培育导师文化

经过获取共识、编写导师管理制度、设计导师制项目 3 个环节，准备阶段的工作基本完成。接下来要做的就是线下正式启动项目了。线下项目启动会议除了具备正式启动项目这个作用，还承担着一个非常重要的功能，那就是进行导师文化的培育和宣导。导师文化作为促进导师制项目成功开展的软性因素，人才发展工作者需要从多层面、多渠道进行培育，夯实企业开展导师制的根基。因此在本章中，除了强调通过项目启动、拜师等仪式强化导师文化，还探讨了其他培育导师文化的方式。

5.1　仪式强化

在导师制项目中，最隆重的仪式莫过于拜师了。大多数情况下，拜师仪式安排在项目启动会中进行。邀请项目发起人、业务部门管理者代表、全体导师、全体被辅导者、项目成员参加项目启动会，共同见证项目的正式启动，见证师徒关系的正式建立。

师徒关系的顺利建立是后续开展带教辅导工作的基础。在导师制项目中，帮助师徒快速建立健康的关系是十分关键的。说到建立关系，在人与人的关系中，再没有比夫妻关系更经典的了。夫妻关系的建立，是从浓浓的仪式感开始的。在亲朋好友的见证下，一对新人步入神圣的殿堂，明确彼此的角色，向对方许下各自的诺言。拜师仪式就好比一场婚礼，在仪式中通过拜师帖、收徒帖、签订师徒协议等方式来帮助师徒强化对角色的认知，明确彼此的承诺。

拜师仪式流程

作为项目启动会的一个关键环节，拜师仪式的流程设计既要隆重，又要易于执行。仪式一开始，主持人可引经据典，向参与者介绍古今中外的杰出导师或有代表性的师徒关系，激发大家对导师制、师徒关系的兴趣，建立大家对导师制项目的信心。接着，隆重介绍导师的选拔标准、选拔流程和项目中的名单，并邀请导师上台亮相，同时为导师颁发聘任证书，赠予导师纪念品，如导师帽、导师徽章等。这时，可邀请导师代表发言，表达感想和决心。之后，安排正式的拜师仪式，包括徒弟向导师敬茶，同时呈上拜师帖，导师回赠收徒帖。最后，签订师徒协议，明确双方的承诺和责任。拜师仪式流程如图 5-1 所示。

序号	事项	目的
0	项目启动会内容：项目介绍	项目负责人宣布导师制项目启动
1	主持人开场	启动拜师仪式
2	播放"孔子拜师"视频	激发兴趣，建立信心
3	导师名单介绍	交代选拔标准、流程，公布名单
4	颁发导师聘书，赠予导师纪念品	为项目聘请导师，并表示感谢
5	导师代表发言	树立导师榜样
6	徒弟敬茶	徒弟向导师表示尊敬
7	徒弟代表发言	树立徒弟榜样
8	互换拜师帖和收徒帖	强化师徒角色
9	签订师徒协议	强化师徒责任和承诺
10	主持人宣布仪式结束	结束拜师仪式
11	项目启动会内容：领导寄语	代表管理层表达感谢和期望

图 5-1　拜师仪式流程示例

拜师帖、收徒帖

作为师徒之间的信物，拜师帖和收徒帖可以强化师徒之间的角色和承诺，在拜师仪式中发挥着关键作用。拜师帖是徒弟呈给导师的，内容通常包含对导师的仰慕、尊重和感恩，并承诺虚心学习，竭力为公司贡献力量；收徒帖则是导师送给徒弟的，表达对徒弟的欣赏，并承诺投入时间及使用合适的方法进行带教辅导以帮助徒弟成长，同时让他人督促和监管。

在大部分企业里，拜师帖和收徒帖统一由项目小组印刷，再发放给导师和被辅导者，这样做的好处是不为师徒增加负担和压力，也减少了项目成员沟通和收发帖子的时间，物料到位时间统一，内容符合要求。但有些企业会要求师徒自己写收徒帖和拜师帖，这样做的好处是让师徒为各自的角色负起责任，同时师徒在准备帖子内容的时候，会对师徒角色、彼此间的承诺和期望都有更深刻的思考，为他们在项目中建立关系和投入带教、学习夯实基础。此外，每个人写的内容都是不一样的，每张帖子都非常个性化、独特，对每对师徒都更有意义。为了减轻师徒写帖子的压力，项目组可以为他们提供印刷精美的空白帖子，还可以为他们提供范本作为参照，如图 5-2 和图 5-3 所示。

_____老师：

　　久仰您是一位充满自信、敢于担当，同时在工作中兢兢业业、严格要求自己的好师父！我很荣幸能拜您为师。今后我愿：执弟子之礼，谨遵师教，积极主动学习，以奋斗成就未来，不辜负师父的教导和寄托！

徒弟签名：_____

日期：_____

图 5-2　拜师帖示例

我愿收_____为徒，并承诺：

　　在带教辅导中，我必认真、负责、耐心地带好徒弟，也必将倾囊相授、因材施教。期望你能学以致用，快速成长为公司的中坚力量，为公司的发展贡献自己的一份力量！

导师签名：_____

日期：_____

图 5-3　收徒帖示例

签订师徒协议

师徒协议能以更具体的内容来规范师徒之间的责任和期望，还能明确带教辅导的期限和目标，约定关系建立过程中沟通的保密内容，比拜师帖和收徒帖更具约束意义。如果拜师仪式时间紧张，不能安排充足的时间让师徒就以上内容进行沟通、共识及签字，项目小组可另行安排时间完成此部分流程。

一般而言，师徒协议的内容包括师徒关系的期限、目标、师徒双方的职责、承诺或期望、保密内容，以及协议终止条款与终止日期等。其中，师徒关系的期限、师徒双方的职责、协议终止条款统一由项目成员制定，目标、承诺或期望、保密内容由师徒双方约定，如图 5-4 所示。

XXXX导师制项目师徒协议

导师姓名：_____ 被辅导者姓名：_____

一、辅导期限：_____

二、辅导目标：_____

三、约定的辅导频率：_____

四、导师职责：_____

五、被辅导者职责：_____

六、双方承诺：

　　导师承诺：_____

　　被辅导者承诺：_____

六、保密内容：_____

七、协议终止约定：_____

导师签字及日期：_____

被辅导者签字及日期：_____

公司盖章及日期：_____

图 5-4　师徒协议框架示例

【避坑指南 3】拜师仪式的繁与简

曾经有不少企业中的人才发展工作者跟笔者探讨过一个问题：拜师仪式应该办得复杂还是简单？这当然要基于企业的实际情况，如企业文化、高管偏好、项目预算、人才发展工作者在企业中的影响力、企业内的导师文化等因素来决定。但其实拜师仪式只是手段，最重要的是通过拜师仪式达成一定的目的。从拜师仪式能够在企业中产生文化宣导、强化师徒角色和承诺等影响力这一角度来说，笔者强烈建议把拜师仪式办得越隆重越好。如果受企业内各种因素的制约，要实施一场面面俱到的拜师仪式难度太大的话，建议采取一些折中的办法。例如，有些企业难以聚齐所有的导师和徒弟参加拜师仪式，无法实现一对一的拜师帖、收徒帖互换，可以让到场的徒弟向在场的导师统一鞠躬，诵读拜师语；如果在拜师仪式现场无法实现一对一的师徒协议签订，则可以印刷一张大型的师徒协议 KT板，让到场的师徒在上面签名或盖掌印/指印。总而言之，笔者希望通过隆重而变通的拜师环节来传递仪式感，达到培育导师文化、强化师徒角色和承诺的目的。

5.2　领导率先

在企业文化的建立中，管理者的影响力不言而喻。只有管理者重视、关注、在乎，甚至践行企业文化，文化才是真实的、有活力的，否则文化只是纸上谈兵。导师文化也是同样的道理。业务管理者（包括企业高管、业务部门各层级领导者）首先必须清楚导师文化的重要性，正如清楚人才及人才培养对企业业务发展的重要性一样；同时，企业管理者还需要在行为上支持导师制项目，甚至在项目中做表率，用自身的表率行为影响其他员工。

认知层面

让业务管理者认识到人才培养，特别是通过导师制项目进行人才培养对业务的重要性，那可不是一蹴而就的事情。相信各位人才发展工作者对此都有深刻的体会。人才发展工作者一方面要进行自我修炼，提升自身对业务管理者的影响力；另一方面要抓住各种机会，在各种场合、通过不同的渠道呈现导师制项目的价值，强化业务管理者的认知。建议在导师制项目实施过程中，基于柯氏四级评估模型收集不同级别的证据，举例如下。

  ✓ 为第一级学员反应层收集的效果证据包括参与项目的师徒人数、师徒投入到带教辅导工作中的总时长、参与导师和被辅导者赋能培训及相关活动的人数和时长、师徒在项目中的满意度等。

✓ 为第二级学习层收集的效果证据指的是被辅导者在带教辅导中的考核情况，包括知识测试分数、技能考核通过率，以及能够反映被辅导者学习态度、信心和承诺的学习复盘和总结报告等。

✓ 为第三级行为改变层收集的效果证据包括被辅导者优秀的行为事例、导师辅导的成功事例等成功故事。

✓ 为第四级业务结果层收集的效果证据包括被辅导者试用期通过率、离职率、上一级别管理岗位的预备度等领先指标的数据，以及与这些数据强关联的业务结果数据。

有了以上证据，项目负责人就有了充足的材料去强化业务管理者对项目价值的认知，影响他们在思想上不断改变。

行为层面

业务管理者在言行上对项目的影响，包括但不限于他们对项目的评价、在项目开展各项活动时给予的支持，如是否支持其团队成员成为导师，是否乐意让担任导师的下属在工作时间参加导师赋能培训等。作为项目负责人，除了在认知层面对业务管理者施加影响，还需要让业务管理者在言行上给予项目充分的配合和支持。可以采取的行动包括以下几项。

✓ 在选拔导师阶段，当业务管理者推荐导师名单时，向他们充分说明导师的职责、要投入的时间及成为导师对其本职工作可能带来的影响等，让业务管理者充分理解项目对导师角色的期望。

✓ 在线下启动项目阶段，邀请业务管理者参与，并做领导寄语，确保他们在公众场合的言行能够表达对项目的充分信任和支持。

✓ 在项目正式开展阶段，多向业务管理者反馈他们的哪些言行支持了项目，哪些言行对项目推进起到了负面作用。在企业中，常见的情况是导师在参与赋能培训或活动时，被业务管理者拉去开业务会议。从保障项目效果的角度看，这样的行为对导师和项目都带来了伤害，也在传递着"导师赋能培训不如业务会议重要"这一信息。为避免此类事情的发生，在培训或活动开始前，有必要告知业务管理者项目具体会占用导师哪些时间段，还需要给予他们适当的提醒，让他们做好相关预案。同时，为保障培训或活动的效果，还可以请他们对导师的学习情况进行跟进。有了业务管理者的支持和关注，此类培训或活动的效果必将事半功倍。

✓ 针对导师和被辅导者在建立关系、开展带教辅导过程中面临的困难、困扰，如果有业务管理者给予关注，提供资源，提供解决方案，相信很多问题都会迎刃而解。因此，项目负责人需要在项目实施过程中多提醒和鼓励业务管理者主动关心其所辖团队的导师和被辅导者。当发现他们有需要的时候，业务管理者一方面要采取措施进行主动干预，另一方面要积极与导师制项目成员沟通和反馈相关情况。有了业务管理者和项目成员的"里应外合"，相信无论是在师徒关系上，还是在带教辅导的进展上，都能顺利推进。

表率层面

对于业务管理者在项目上的支持和投入，如果能让他们切身参与到项目中，为项目带来实质性的贡献，所起到的表率作用会更强。例如，邀请他们共创导师管理制度，作为管理者代表参与带教辅导内容的开发，在导师选拔环节作为测评师，在导师培育环节充当特约导师分享自身经验等。另外，还可以邀请他们以合适的频次参与其团队成员的带教过程，通过观察对导师进行评分，并对导师需要提升的专业或带教辅导技能进行后续的指导，持续帮助导师成长，激励他们的辅导意愿，肯定他们的贡献。

对于业务管理者的以上表率，项目成员应主导策划、开展一系列业务管理者宣讲、践行导师文化的宣传活动，让更多的员工看到业务管理者对导师文化的关注和支持，以领导的率先垂范，吸引更多优秀员工投入、参与导师制项目，在为企业的人才培养贡献力量的同时，也使导师文化在企业中打下深厚的根基，培植良好的土壤。

5.3 标杆示范

在日常工作和生活中，要通过一个个具体的人和事，让员工切实看到认同导师文化、投入导师制工作的员工得到了成长和机会，怀疑导师文化的人则得不到相应的益处，从而确保导师文化发挥其促进带教辅导、宣导导师价值、弘扬导师精神、建立"传帮带"氛围的作用。

标杆示范的内容

在为导师文化建立标杆示范时，需要有一定的筹划。例如，需要确认建立标杆的数量，计划在什么范围内、多长时间内，达到哪些目的。

- ✓ 标杆的数量。可基于企业员工的数量、期望导师制在人才培养中所发挥的作用确定一个合适的比例。
- ✓ 标杆的影响范围。可考虑建立企业范围、事业部范围的标杆，一方面让不同的标杆在不同的程度上触达和影响不同范围内的员工；另一方面让员工感受到标杆就在身边，就是自己熟悉的同事，不会让员工觉得他们"高不可攀"。
- ✓ 标杆的影响时长。可考虑建立企业长期标杆，或者建立基于某一导师制项目的短期标杆。标杆的影响时长不一，其影响力也不一。
- ✓ 标杆的影响人群。基于标杆所要影响的人群选取和确定需要树立的标杆，如导师标杆、被辅导者标杆、师徒关系标杆等。

标杆示范的宣导

关于标杆示范的宣导，建议在人才发展小组或导师制项目小组中选取一名负责人负责标杆的挖掘、案例的收集、包装及宣导工作。该负责人需要制定与标杆示范相关的工作目标和计划，并基于工作目标和计划开展工作，把一对对优秀师徒、导师标兵、被辅导者优秀事例、获奖信息等制作成短视频、宣传册在企业内发布，让这些标杆成为企业最耀眼的明星，成为其他导师和被辅导者学习的榜样，让更多员工认识他们、欣赏他们、羡慕他们，从而发挥标杆示范的宣导作用。

【避坑指南4】标杆宣传，双向鼓舞

在笔者接触的大部分企业中，很少有企业主动地进行导师文化标杆示范的宣导。有部分企业在标杆示范的宣导方面表现出了一定程度的意识和行动。例如，有些企业会在导师制项目评优后，利用企业内部的宣传渠道对优秀的导师、被辅导者的学习成果进行播报，但整体上企业在这方面均略显被动。人们在执行企业导师制的过程中容易犯的一个错误就是，缺乏通过主动规划、建立标杆示范来强化导师文化的意识。这对企业来说是个莫大的损失，让导师制的成果和价值错失了不少主动曝光的机会。项目负责人需要注意的是，要委派项目成员专人负责，从规划到执行，再到形成荣誉体系，有计划地扩散标杆示范的作用。

● 【场景9】借鉴优秀案例

有的公司是第一次开展导师制，既没有标杆示范，也没有案例可以宣传，该怎么办？

● 【场景问题解析】

的确，在推进导师制初期，企业不具备收集标杆示范和案例的条件。但这并不代表企业不能主动做相关的工作。此时可收集一些古今中外历史上优秀的导师、师带徒的例子，同时收集一些优秀企业甚至同行的例子在本企业内进行宣导，同样能起到强化导师价值、宣导导师文化的作用。

5.4 培训宣导

通过培训对导师文化进行宣导，是推广导师文化的有效途径之一。为取得良好的培训效果，在培训对象和时机的选取、培训内容的开发与设计、培训形式的匹配等方面，都需要用心考量。

培训对象和时机的选取

就导师制相关内容展开培训，最合适的培训对象有潜在导师和新员工。

一般而言，潜在导师是各业务领域的骨干、资深且优秀的管理者。除了为某个特定的导师制项目进行导师选拔时举办的宣导活动，平时很难召集他们单纯就导师文化培训宣导而参与线下培训。比较合适的培训场景是线上录播课，可以设置此类型的课程为这类人群的线上必修课，让他们按照规定的时间学习录播课程并完成课后考试。

对新员工进行导师文化的培训宣导，至少有 3 个好处：一是让新员工感知企业对人才培养的重视；二是为新员工马上成为新员工导师制项目中的被辅导者做好预备；三是在新员工心中播下成为导师的种子，为他们将来成为导师做预备。对新员工来说，最合适的培训场景莫过于新员工集训了。在新员工集训中，安排一场名为"导师文化"的培训，相信对每位新员工来说都是一次成长的机会。

培训内容的开发与设计

作为企业中的人才发展工作者，相信大家都有这么一个认知：要讲好一门关于文化的课程并不容易。大家都能达成这么一个共识：讲好一门课程的基础是有好的课程内容，正如演员要演好一部电影的前提是有好的剧本一样。导师文化的课程内容可围绕导师管理制度、导师制项目和导师文化三大维度展开，进行培训内容的开发与设计，在内容资源方面确保培训效果最大化。

- ✓ 导师管理制度。建议以导师能力模型为主线，牵引导师的选、用、育、激励 4 个层面，线下课程增加练习、学员共创等教学设计，让制度讲解不拘泥于条款且易懂，同时收集学员对导师管理制度的建议，用于新一版制度的更新和迭代。
- ✓ 导师制项目。以介绍企业内历次导师制项目为主线，强调每个项目的特点和特色，以及其给企业的业务和人才培养带来的独有的价值。线下课程可适当融入角色扮演、游戏等活动，增强学员的参与感。
- ✓ 导师文化。在这部分内容中，除了就领导的率先和标杆的示范展开一个个生动的故事，还建议让学员参与符合导师文化行为与不符合导师文化行为的讨论，让这些行为成为促进员工践行导师文化的抓手和落脚点。

培训形式的匹配

应基于培训对象的特点和所要达成的目标，匹配不同的培训方式。针对具体的培训主题，建议实施以下形式的培训与活动。

- ✓ 线上课程。线上课程专门为潜在导师群体设置，围绕以上提到的三大维度的内容开发 3 门线上课程，每门课程 3～8 分钟。

- ✓ 线下集训。线下集训专门为新员工设置，根据三大维度设计 3 个模块，共需约 3 小时的课程时长。为降低组织学员参加培训及内部讲师讲解的难度，一般企业内训建议不超过半天。

- ✓ 考试。无论是线上培训还是线下培训，都建议增加训后考试环节。若有些企业不具备条件专门开发一门"导师文化"课程，或者在组织线下培训方面遇到了挑战，可以考虑以"自学+考试"的形式替代线上或线下课程，以考促训，达到培训目标。

- ✓ 竞赛及活动。可开展辩论赛、演讲比赛、征文比赛等竞赛，或者举办"我为导师制代言""我发现，我推荐"等主题活动，以赛促训，同样可以达到培训宣导目的。

● 【场景 10】嵌入企业文化

在开发和设计导师文化培训时，可不可以与企业文化培训一起开展呢？

● 【场景问题解析】

当然可以！如果有些企业认为单独为导师文化进行相关的学习资源开发和培训组织工作量太大，建议把导师文化嵌入企业文化中，也就是说在企业文化的培训内容中增加"导师文化"这一主题。这样，在企业文化的课程开发、设计，甚至在组织培训时，都能涵盖"导师文化"这一主题，既不会给人才发展工作者增加过多的工作量，也可以起到导师文化的培训宣导这一目的，对学习型组织的企业文化营造也能起到作用。

当然，导师管理制度对导师文化的牵引、各种激励措施对导师文化的促进，对导师文化的培育也会有很明显的作用，这两部分内容及其对应的操作方法在第 4 章已经详细详述了，这里就不赘述了。

导师文化的培育是一项长期工程，需要人才管理工作者从多维度、多层面发挥作用，如同一棵小树苗需要经过长时间的施肥、松土、浇水、阳光照射等才能茁壮成长一样，导师文化也需要通过强化仪式、领导率先、标杆示范、培训宣导等手段耐心培育。

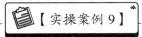 【实操案例9】

某通信集团分公司将导师制与营销模式相结合

通信行业 D 集团某地市分公司的培训部门与市场经营部联合开展了一项以训练新技能为目的的导师带教项目。该项目是针对乡镇营业厅员工掌握圩日乡镇营销"金话筒"新技能的培训与实践。25 名带教导师 60 天内在全市所辖 36 个乡镇开展了近百场带教实训，使每个乡镇营业厅至少 3 名员工掌握了该技能并获得了认证，同时实现了乡镇营业厅圩日手机销售业绩的突破。可喜的是，通过实施该项目，D 集团在乡镇的圩日上还进一步强化了营销服务"用心百分百"的企业形象。通过该项目的成功开展，D 集团的导师制在其他领域也逐步开启了规范化、结构化的发展之路。导师制项目将人才培训与公司经营相结合，在企业发展中培育导师文化。

【名企标杆分享3】海底捞的"师带徒"拓店模式

海底捞在培养新员工方面以传统的"师带徒"方式积累了很多经验，形成了一套相对简单、有效的导师制。

- ✓ 匹配师徒：同一店面、以老带新。
- ✓ 拜师仪式：敬茶回礼、广而告之、增强关系。
- ✓ 带教计划：任务明确、要求清晰、工作量化。
- ✓ 双向考核：新人日日考、师傅挂绩效。
- ✓ 坚定信念：明确目标、激励上升、荣誉共享。

海底捞对店长的培养方式让我们看到导师制与经营、薪酬管理体系的联结，并诞生了海底捞自有的一种拓店模式。

- ✓ 师徒圈的高黏性：几个或十几个店形成一个"抱团联盟"，这些店的店长一脉相承、师出同门。
- ✓ 薪酬钩的强联："大师傅"享有"徒子徒孙"们所管门店的业绩提成。
- ✓ 师傅管得宽广："抱团联盟"的组长（大师傅）必须制定长期发展规划，该规划涉及新市场的拓展、人才培养和组织裂变等主题。

在海底捞，导师文化不仅被嵌入管理体制，更与商业模式相辅相成。

本章关键点

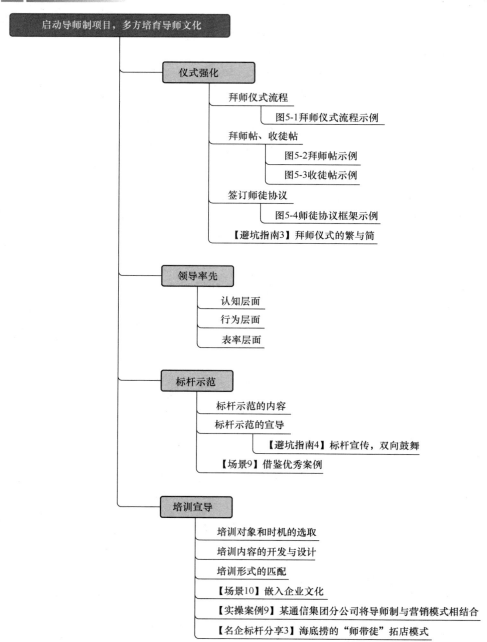

启动导师制项目，多方培育导师文化

仪式强化
　　拜师仪式流程
　　　　图5-1拜师仪式流程示例
　　拜师帖、收徒帖
　　　　图5-2拜师帖示例
　　　　图5-3收徒帖示例
　　签订师徒协议
　　　　图5-4师徒协议框架示例
　　【避坑指南3】拜师仪式的繁与简

领导率先
　　认知层面
　　行为层面
　　表率层面

标杆示范
　　标杆示范的内容
　　标杆示范的宣导
　　　　【避坑指南4】标杆宣传，双向鼓舞
　　【场景9】借鉴优秀案例

培训宣导
　　培训对象和时机的选取
　　培训内容的开发与设计
　　培训形式的匹配
　　【场景10】嵌入企业文化
　　【实操案例9】某通信集团分公司将导师制与营销模式相结合
　　【名企标杆分享3】海底捞的"师带徒"拓店模式

第6章 开发导师手册，支持导师成功

作为企业新员工导师制项目组织者，可能经常会有这样的烦恼：新人入职，参加完公司层面的集中培训后，回到所在业务部门工作，并在工作初期由导师进行带教辅导，培养状况从此就失控了——不知道导师们教了没有、教了什么、教到什么程度、教得如何。想去跟进吧，却发现最多只能按照新人岗位工作说明书大概询问一下某个工作内容是否有带教、新人是否能掌握，以及新人是否能独立操作。很难再往细处去跟进，因为组织者对岗位的内容不可能了解得很详细，更不了解独立操作这个岗位需要学习的所有内容。

作为企业新员工导师制项目的组织者，你可能会有这样的烦恼：你尝试去分解一个关键重要岗位的工作内容，希望可以为导师们开发出详细的教材。你查找了相关的文档，包括岗位工作说明书、标准操作流程等；也访谈了一些了解此岗位的业务专家及其上级，甚至还在大范围内进行了问卷调研。除了这些工作，你还花了很多时间去整理收集回来的各种数据，但是这些数据都比较散乱、不完整，产出成果令你很尴尬，不知该不该用。

作为企业新员工导师制项目的组织者，你还可能会有这样的烦恼：当你开始制作带教手册时，你不太确定除了设置岗位的操作流程和步骤，还应该设置什么样的内容可以促进带教目标的达成。

即便企业要开展新管理者或高潜后备导师制项目，项目组织者也可能会遇到以上相似的问题。辅导什么？辅导的效果怎么样？是不是提供一份个人发展计划模板就能解决这个问题了呢？

● 【场景11】带教教材，导师指南

某公司技术部门想开展导师制项目，但在开发导师的带教教材上遇到了难题。人才发展工作者对技术一知半解，但全由技术大咖们编写也不现实。

● 【场景问题解析】

以上内容，都是与导师带教过程中应该"教什么"相关的问题。在企业里，无论哪种类型的导师（新员工的导师、新管理者的导师、辅导老员工学习新技能的导师），无论以哪种形式开展导师制（一对一导师制、小组导师制、混合型导师制），作为导师，或多或少都承担着知识和技能传授的职责。因此，在导师制项目中，在师徒关系确立的基础上，无法绕开的一个话题就是解决导师"教什么"的问题，特别是新员工导师，他们承担着新员工所在岗位专业知识和技能的带教任务，目标是帮助徒弟尽快掌握岗位所需的知识和技能，帮助徒弟尽快在岗位上独立而可靠地开展工作。而规范导师的带教辅导内容，也将成为推动导师制项目开展的关键且重要的抓手。"内容为王"，内容是导师制项目的灵魂，可以为项目组织者一一解决以上种种烦恼。

那应该如何开发这些内容呢？无论导师手册的内容如何规划，颗粒度如何调整，导师手册开发的逻辑和思路都基本一致。对于以带教辅导岗位知识和技能为主要目标的导师制项目，如新员工导师制项目，开发导师手册一般分两步走。首先进行带教辅导对象所在岗位的工作任务分析，把岗位的工作内容进行两级拆分，即任务和子任务。接着，就每个子任务编写带教辅导内容和相关的配套表单，如行动计划表、自测表、观察表等，还需要设计对应的考核表来评估带教辅导对象对所学内容的掌握程度。有些企业还会根据人才培养的需要开发带教辅导对象所在岗位的典型案例，将其放在导师手册中，要求导师在带教辅导过程中进行讲授，以支撑带教辅导对象高阶能力的学习和提升。而对于以辅导新管理者或高潜后备的管理能力提升为主要目标的导师制项目，一般需要建立管理层级的胜任素质模型，再基于胜任素质模型进行能力现状的测评，找准要发展的能力素质项，接着基于能力素质项来匹配不同的发展路径和发展方式。对于老员工学习新技能手册的编写，只需要判断老员工需要学习的内容是属于某项具体工作任务的学习还是属于某些宽泛的能力提升，再遵循以上两种情况开展即可。企业导师手册开发方向如图 6-1 所示。本章主要针对新人导师带教手册和新管理者辅导手册的编写展开论述。

图 6-1　企业导师手册开发方向

6.1　新人导师带教手册的编写

下面先来谈谈在以提升岗位知识和技能为主要目标的导师制项目中，如何开发和编制带教手册。

一个比较高效的方法是通过工作坊的形式，组织优秀导师代表开发导师手册。对于企业里某些关键岗位，徒弟和导师的数量比较多，建议针对关键岗位开发对应的、内容翔实的、细颗粒度的导师手册，供此岗位上所有的导师在带教辅导过程中统一使用。但有些企业徒弟岗位比较分散，不同导师带教的内容有比较大的差异，对于这种情况，可以结合第 7 章讲述的赋能环节进行手册开发，在进行带教辅导技巧赋能前，先让导师进行内容相对简单、颗粒度相对粗的手册开发，以解决"教什么"的问题。总而言之，导师手册的内容和颗粒度可根据导师制的目的、徒弟岗位的情况、导师和徒弟的数量等灵活规划和调整，再基于手册所需内容和颗粒度决定其产出的行动步骤。

工作任务分析

以提升岗位知识和技能为主要目标的带教手册，其工作任务分析强调的是调研绩优员工如何完成工作，以及在完成工作的流程和决策中所涉及的操作标准，所需要的知识、技能、工具，以及常犯的错误等信息，并把上述内容记录下来。

为什么要进行被带教辅导岗位的工作任务分析？原因就是要解决"所学即所用"的问题。学员的学习内容是否能与他所做的工作产生强关联，即所学内容是否能为工作的完成、问题的解决带来帮助，是导师制项目组织者需要思考的问题。"所学即所用"是导师制项目的最高目标。那么，如何做到所学即所用呢？需要对"所用"，即工作内容进行细致的分析，并把分析的结果以最有效的教学方式教给学员，只有这样才能确保"所学"与"所用"是一致的。只有在工作任务分析的基础上产出的带教辅导内容才能让带教辅导更加有效，而这也是嵌入结构化在岗培训的导师制项目与一般的导师制、师带徒项目相比，带教时长大大缩短的重要原因之一。"721"学习法则为我们提供了回答上述问题的另一个角度：学习先从工作任务切入，是最符合成人学习习惯的，同时，从工作任务切入也是成本最低的学习方式。

工作任务分析的方法，以信息来源区分，可分为文档分析和人员分析，从与现有岗位相关的文档材料和与本工作密切相关的人这两大渠道抓取工作分析所需要的详细信息。

文档分析中的文档，从微观到宏观，包括与岗位、部门、公司相关的文件，如岗位工作说明书和绩效评估表、产品技术手册、培训材料、公司政策、标准操作流程和表单、公司质量/安全/环境体系的相关要求；待分析的文档还包括一些外部材料，如来自客户的要求、行业的规范、标杆企业的最佳实践等。在组织引入新技术且具备相关经验的员工人数较少的情况下，现有的文档对工作任务分析来说是非常有价值的。

人员分析是指从能够提供岗位所需信息的相关人员处收集信息，可包含两类人员：一类为熟悉待分析岗位内容的、有经验的员工及其主管；另一类为能对分析岗位提出明确要求的人员，如企业的某些高管，来自安全、质量、环境、法务等部门的代表，外部供应商或客户代表等。通常把某岗位上有经验的员工称为业务专家或内容专家，他们是最能提供工作任务分析所需信息的人。一般通过访谈、观察、自陈和调研问卷、工作坊研讨等方式从他们身上获取有效的信息。

在实践操作中，笔者发现组织岗位业务专家进行工作坊研讨是相对高效的方式。而适用于工作坊研讨的方法论众多，如信息加工分析法、学习层级分析法、课程开发（Developing a Curriculum，DACUM）工作分析法等。这里向大家推荐DACUM 工作分析法，它是经过笔者多年的项目实践验证的一种效果较好且效率较高的工作任务分析法。

DACUM 起源于北美地区，目前在全球范围内超过 30 个国家的政府、企业、职业教育等领域均有广泛使用。召开 DACUM 工作坊研讨时，由 5～12 名岗位业务专家在 DACUM 引导师的带领下对岗位的任务、子任务及其他相关内容进行分析，通过为期 1~2 天的研讨，绘制出一份图表，细致地展示出该岗位的任务与子任务及其相互之间的关系。要顺利开展 DACUM 工作坊研讨，离不开以下 3 类关键人群。

第一类是经过培训和认证的引导师，这类引导师需要严格按照 DACUM 流程输出岗位的任务、子任务和相关信息。

第二类是目标岗位绩优业务专家，他们对岗位的工作内容、对困难和挑战的解决方法比其他人更熟悉和熟练，能从他们身上萃取出岗位的最佳实践。除此之外，参与 DACUM 工作坊研讨的业务专家还需要善于总结、善于发言，同时兼具语言提炼和团队协作能力。如果企业内同一个岗位的业务专家分布在不同地域、不同产品线、不同事业部，在选取业务专家时还需要考虑其代表性。

第三类是目标岗位的上级主管代表（通常是 1～2 人），在研发时他们往往能在业务专家意见相持不下的情况下，给出一些方向和指引。

DACUM 的基本流程。首先需要组建目标岗位的专家团队，由引导师带领专家进行第一轮头脑风暴。然后按顺序提取任务，针对每个任务进行第二轮头脑风暴，提取出每个任务下的子任务。再基于每个子任务的具体内容，对任务和子任务的描述进行审查和调整。最后确定最终的任务与子任务描述（见表 6-1）。

表 6-1　工作任务分析结果样例

任务	子任务				
分析终端信息	******	******	******	******	******
拜访终端门店	制订拜访计划	准备拜访物料	实施终端拜访	撰写拜访总结	
营造终端氛围	******	******	******	******	
维护终端价格	处理终端乱价问题	协调终端价格战	应对终端价格投诉		
实施店员培训	******	******	******	******	******	******

手册内容编写

有了逻辑清晰的岗位任务、子任务描述，就可以架构整本带教手册的框架了。如果以一本书的章、节来做比喻，岗位的任务可以成为手册的"章"，子任务可以成为手册的"节"。从培训的角度来说，一般称手册里的"章"为一个学习模块，"节"为一个学习单元。在如表 6-1 所示的工作任务分析结果样例中，"拜访终端门店"是手册的其中一章，也称为学习模块，而"制订拜访计划"是这一章的其中一节，也称为学习单元。

➤ 带教学习模块的内容

在每个学习模块中，建议包含以下 5 部分内容。

- ✓ 模块名称：岗位的任务，要用清晰的名称清楚地表明本模块的内容。

- ✓ 模块的学习目标：说明学员在培训结束后应当了解什么或会做什么，这也可以作为考核学员是否达到本模块的培训效果的一个标准。

- ✓ 入门知识和技能：学员在开始培训前需要具备的起点知识和技能。因为学员的学习是从工作任务切入的，要完成某项具体的任务，必定具备一些完成该任务需预先了解的知识和技能，这类知识和技能称为入门知识和技能。在模块中列明入门知识和技能的意义在于，让导师在开始本模块内容的带教辅导之前，先布置相关的、学员可以通过自学的方式进行预习的内容和任务，或者就相关内容对学员的掌握程度进行检查，确保学员掌握了入门知识和技能；再开始进行相关内容的学习，确保进一步的带教辅导效果和效率。

- ✓ 带教辅导本模块内容所需要的资源：大多数带教辅导都是在工作环境下进行的，导师应当收集好带教辅导所需要的各种资源，包括但不限于各种数据、设备、工具和指导材料。在本模块学习之前，导师可依据手册中列明的所需资源来做相关准备，从而提升带教辅导的效率。

✓ 列明可以支撑本模块内容学习的参考资料：包括但不限于内部技术文件、图纸、安全手册或专业报刊等可以促进学员达成学习目标的内容。这些参考资料可以是帮助学员掌握入门知识和技能的内容，也可以是帮助学员进一步掌握与本模块工作相关的知识和技能的内容，在带教辅导的前后提供给学员进行自学。

带教学习模块样例如图 6-2 所示。

模块名称：拜访终端门店
学习目标： 通过训练，学员能够制订准确、合理的拜访计划，熟练掌握公司拜访工具包，顺利实施终端拜访；在拜访过程中能够准确了解终端的销售情况，并准确地向客户传达产品信息和政策，对竞品销售情况做出基本的应对措施
入门知识： 1. 公司对目标门店的价格管理要求 2. 客户拜访的基础商务礼仪（着装、话术、行为举止）
入门技能： 1. 利用工具（电子地图、导航仪等）建立合适的拜访路线 2. 建立销售台账技巧
所需资源： 1. 数字终端 2. 公司内部终端管理系统
参考资料： 1. 内部课程：终端"五项修炼" 2. 优秀经理人培训班课件

图 6-2 带教学习模块样例

➤ 带教学习单元的内容

在每个模块下面，需要编排由对应的子任务组成的带教单元。每个带教单元建议包含以下内容。

✓ 每个子任务具体的操作要领，包括操作步骤、在操作过程中需要关注的安全、质量、环境等要素及相关的要求。这是以提升岗位知识和技能为主要目标的带教辅导的基础内容。通过这个内容的讲解，能帮助学员清楚地了解如何完成这个子任务的操作，操作过程中需要额外注意的要点有哪些。

✓ 新进入本岗位的员工开展该子任务时，常见的困难、常犯的错误，是什么原因造成的，以及作为导师如何帮助学员解决这些困难或避免这些错误。这些"常见的困难""常犯的错误"，其实就是新人开展该子任务时容易踩到的"坑"，把这些内容写出来，就是一份"避坑指南"，给学员一个工作前的预警，提醒学员额外留心这些内容，让学员做到心中有数，工作开展起来就会更淡定，工作质量也自然会提升。但在跟业务专家一起做经验萃取和分析时，笔者发现，让他们想起这些"坑"比较困难，因为他们相对来说经验丰富，在他们眼中，一切都非常简单，并不存在什么"坑"。这时，一个比较好的解决方案是，让他们问问那些进入本岗位一年左右的同事，通常这些刚工作不久的同事能最快、最完整地把这部分内容萃取出来。

✓ 辅导要点，也就是要想帮助学员完成这部分子任务，导师需要重点讲解的知识点和技能点，即完成这个子任务的"应知应会"。例如，店长岗位，要完成的"经营商品管理"这个任务下面的一个子任务是"管理商品陈列"，需要掌握的知识和技能分别如下。

知识：

- 商品棚格图的解析；
- 季节陈列原则——入门；
- 《季节与主题营销陈列指引》——入门；
- 《特陈指引》——入门。

技能：

- 在 OA 系统中调取商品棚格图——入门；
- 根据商品棚格图的指引进行商品陈列的技能——入门；
- 在特陈表中查询特陈签订明细的技能——入门；
- 制作"特陈商品销售跟踪表"的技能。

其中"知识"的第 2～4 项和"技能"的第 1～3 项可以统一放在对应模块的"入门知识和技能"相关内容里面；"知识"的第 1 项和"技能"的第 4 项可以成为带教辅导"管理商品陈列"这个子任务时的重

点讲解内容。

✓ 辅导方法，指的是建议导师使用什么样的教学方法对学员进行带教辅导，如讲解、演示、练习、案例研讨、机器实操、实地操作、计算机模拟、组织团队分享、安排相关培训等。这部分内容可以根据对应的子任务及其操作步骤和要点、常见困难和常犯错误、辅导要点等维度的具体内容来确定。

带教学习单元样例如图 6-3 所示。

"制订拜访计划"单元操作步骤及注意事项	
操作步骤	注意事项
1. 基于近期拜访有问题待解决的门店情况、领导安排及政策宣贯要求，确定拜访门店 2. 确定门店拜访目的 3. ******************************** 4. *************************** 5. ***************************	1. ************ 2. **************** 3. 建议一天内沿着同一方向的交通路线拜访，尽量不走重复路线

"制订拜访计划"单元常见困难或常犯错误		
常见困难/常犯错误及影响	原因分析	导师的解决方案
1. 拜访路线不合理，走重复路线，造成拜访效率低下 2. ***************	1. 对区域内目标门店的地理位置不熟悉 2. ************	1. 跟学员一起梳理区域内拜访路线 2. ************ 3. ****************

"制定拜访计划"单元辅导要点	
知识点： 1. ************ 2. 终端门店库存及销售情况的查询渠道和方式 3. 门店等级分类方法 4. ******************** 5. ********** 6. 终端门店的陈列要求 7. ********************************	技能点： 1. ************* 2. 与关键人员建立关系的技巧

"制订拜访计划"单元辅导方法
1. 讲解 2. 示范 3. 案例分享

图 6-3　带教学习单元样例

每个模块和单元的内容都完成后，就可以合并成册了。这里特别提醒一下，在制作手册时，需要根据岗位的实际情况，对所要收集的信息、带教模块和单元的内容结构进行灵活调整。例如，某些岗位可能不是以流程操作为主的，而是以解决一个个问题为导向的，那么就需要在学习单元里罗列出此任务下所要解决的各种问题，并分析出每个问题背后的原因，给出相应的解决方案。再如，某些岗位可能标准化程度没有那么高，但如果了解了岗位的典型工作场景，会对新员工了解本岗位的工作内容有极大的帮助，那么就需要在学习单元里增加这部分内容。甚至有些岗位的内容使用案例教学效果会更好，那么就需要开发在典型工作场景下的典型案例，放在手册中，供导师在带教过程中使用。

在带教手册里，除了以上具体的带教辅导内容，还应该根据岗位的实际需要，思考是否增加导师在带教过程中使用的观察表、学员在自检过程使用的自测表、导师在完成带教讲解工作后给学员布置任务时使用的任务历练跟进表，以及各模块、各单元的学员考核表，并决定是否需要开发相关的考核内容（如知识测试题）来检验学员的掌握情况等。

针对本节开篇提及的徒弟岗位比较分散，不同导师带教辅导的内容有较大差异的情况，则可以在以上内容的基础上考虑依据实际情况来做减法。例如，基于任务而非子任务开发具体的带教辅导内容，成果的颗粒度虽然粗，但可为整体带教辅导提供内容框架；如果基于子任务开发带教辅导内容，那么其内容可以设置得相对简明扼要，等等。简版的带教手册旨在给导师提供"教什么"的思路，而不至于在指导内容上无计划或在带教辅导内容上有交叉重叠，甚至遗漏。

【避坑指南5】DACUM 研讨会业务专家的选取

人们常说："选对了业务专家，研讨会就成功了一半。"可见选对业务专家对工作任务分析成果输出的重要性。在开展 DACUM 研讨会前，笔者通常会给出以下清单，让会议的组织方按照这些标准选人。

✓ 在目标岗位上有 24 个月或以上工作经验的绩优员工，或者虽在本企业本岗位工作不足 24 个月但在同行同岗位上有相同或相似的工作经验值得萃取或借鉴的员工。

✓ 目标岗位上的明星员工/业务骨干。

✓ 在目标岗位上的专业知识和技能得到了公司内的普遍认可。

✓ 善于总结，逻辑思维比较强。

✓ 善于发言和分享经验。

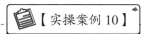【实操案例 10 】

工作任务分析及手册内容编写在产教融合中的应用

产教融合是产业与教育的深度合作，是职业院校为提高其人才培养质量而与行业企业开展的深度合作。通过校企协同，合作育人。自从 2017 年 10 月在十九大报告中提出要深化产教融合后，各地都在积极探索产教融合实施的创新模式，而嵌入结构化在岗培训的导师制与产教融合的匹配程度之高，使其成为产教融合落地的抓手。通过对企业具体某个岗位的工作任务分析，设置职业院校对应的培养专业的课程体系并基于课程体系开发相应的教学内容资源；通过带教辅导手册内容的编写形成带教辅导手册，则可成为企业导师带教学生的重要指导文件。

华南某市的某职业院校积极推进产教融合，与三大电信运营商合作，开展学徒制项目，为三大电信运营商培养、输送呼叫中心技能人才。但如何做到让学徒的学习内容在学校和企业中无缝链接，达到"所学即所用"的目的，一直是此职业院校在思考和摸索、希望突破的重要课题。直到接触了嵌入结构化在岗培训的导师制，此职业院校就在呼叫中心客服代表和班组长两个岗位实施了相关工作，包括进行了此两个岗位的工作任务分析，形成培养此两个岗位学徒的课程体系，并开发出相应的教学内容；也编写了此两个岗位的带教辅导手册，并交由企业方的导师，让导师在带教辅导学徒过程中使用。这样，让学徒的学习内容和工作内容高度契合，大大提升了学徒的学习效果和学习效率。结构化在岗培训的导师制助力产教融合，为职业院校接轨了切实的行业用工需求，培养了企业需要的技能人才。

6.2　新管理者辅导手册的编写

对新管理者或管理者后备来说，对岗位上的专业知识和技能已经相当熟练了，真正的挑战不是把岗位上的工作任务完成，而是如何快速地完成角色的转变和管理能力的提升。作为新管理者的导师，重要的任务是帮助徒弟从个人贡献者成功转变为管理者，在这个过程中还需要注重培养徒弟作为管理者所需要的各项管理技能。因此，这一类型的辅导手册的内容开发是围绕着观念转变和能力提升来进行的。

从能力提升的维度来构建新管理者辅导手册，需要遵循人才发展的"建标、对标、达标"三部曲的逻辑。为提升新管理者辅导手册编写的质量和效率，"建标"环节一般由项目组织者牵头，组织相关人员构建能力素质标准，并形成一本完整的能力发展指南；"对标"环节则通过不同形式的测评了解学员的能力状况；"达标"环节指的是导师和学员一起，基于实际需求，从发展指南中挑选学员需要发展的内容来制作学员专属的辅导手册，并基于辅导手册开展辅导工作，帮助学员进行切实的能力提升。

◢◤建标：建立管理者的能力素质标准

在这个阶段构建能力素质标准，除了可以为能力发展指南的编写提供框架，还可以作为管理能力发展提升项目人才的入库和出库，以及项目整体培养内容设计的一个重要参考标准。在企业里，通常新管理者或管理者后备的培养项目会以多种培养形式相结合来开展，如集中面授课程、导师辅导、标杆企业参访、行动学习、读书会等。在这一类型的培养项目中，若有严格的人才出入库流程，基于明确的能力素质标准、科学的测评方式选拔出值得培养的人，就能让入库的人才更加珍惜和认真对待这样的培养机会；同时基于测评结果了解入库人群的优劣势，还能确定哪些能力是这类人群共同需要强化或补足的，并在此基础上设计或匹配课程及其他学习形式的内容，让培养项目更有效。

无论通过哪种方法建立能力素质模型，都需要先确定构建哪个岗位或哪个层级的能力素质模型。例如，要建立中层管理者的后备人才梯队，或者要提高新晋升的中层管理者的能力，就需要建立中层管理者的胜任素质模型，作为人才选拔、测评、培养的重要依据。

自从 1973 年美国哈佛大学心理学教授麦克利兰提出"胜任力"一词后，胜任素质标准便开始在企业中逐渐应用起来，近年来更是得到了国内企业的广泛应用。经过 10 多年的实践经验，能力素质模型的构建方法已经从传统的、以归纳法为主要思路发展到敏捷的、以演绎法为主要思路。

以归纳法为主要思路构建能力素质模型，最典型的做法是行为事件访谈法（Behavioral Event Interview，BEI）。它主要以目标层级/岗位的任职者为访谈对象，通过深入的访谈，收集访谈对象在任职期间，特别是近一年内所做的成功和失败的事件，挖掘影响目标层级/岗位绩效的具体行为。完成了对所有样本的行为事件收集后，需要对收集的具体行为事件进行汇总、分析、编码，然后在不同的访谈对象（通常分为绩效优秀和绩效普通两个群体）之间进行对比，找出目标层级/岗位的核心素质。

在构建胜任素质模型时，行为事件访谈法虽然具备有效、精准、客观等优点，但由于需要投入大量的人力和时间，存在组织困难、成本高昂、适用范围有限（因为要采集具有代表性的样本，只适用于人员比较密集的岗位）等缺点，现在越来越多的企业采用以卡片筛选为代表的演绎法来构建胜任素质模型。演绎法受参与人员的经验和观念影响比较大，但有了胜任力卡片作为常模参照，就大大提高了胜任素质模型构建的精准度。虽然不同的人力资源管理咨询公司使用的胜任力卡片各异，但其底层逻辑均基于麦克利兰教授提出的"冰山模型"，在"管人""管事""管自己"等大的维度上设置了适用于绝大部分企业各层级、各岗位的通用能力项，企业可基于实际情况选择合适的胜任力卡片，组织目标层级/岗位的绩优员工代表及其上级代表共同研讨，选取能把目标层级/岗位中卓越者与普通者区分出来的深层次特征，即能力项，也称为能力指标。一般情况下，一个完整的胜任素质模型包含 6 个左右能力指标，每个能力指标包含 2～3 个关键行为点，每个关键行为点需要有对应的不同层级的行为描述（见图 6-4）。

指标名称			团队塑造
指标定义			洞察团队成员的特点，用人所长，采取多种途径与方法对团队成员进行激励和培养，提高团队的工作积极性和战斗力
关键行为点	识人用人	Ⅰ级	**
		Ⅱ级	**
		Ⅲ级	**
		Ⅳ级	**
	激励认可	Ⅰ级	能意识到激励对团队的重要性，采用相对单一或常规的方式（如奖金、奖品）等对员工进行激励，激励的效果一般
		Ⅱ级	能采用多种激励方式和手段（如奖罚分明、目标激励、竞争评比等）激发团队成员的工作积极性；能主动了解团队成员的诉求，及时肯定并认可他们的价值
		Ⅲ级	充分了解成员的期望和诉求，结合每位成员个性化的诉求，进行有针对性的激励，激发团队工作热情，结合激励效果灵活调整激励手段；通过肯定、表彰等方式认同团队成员的工作，使他们能感受到被尊重和有价值感
		Ⅳ级	在部门内建立并不断优化导向清晰的激励机制，引导团队员工的工作行为与组织目标保持一致；在日常工作中以人为本，充分发挥领导魅力，通过在部门内部建立共同愿景等方式凝聚人心，鼓舞士气，从而持续激发员工的内在动力
	培养人才	Ⅰ级	**
		Ⅱ级	**
		Ⅲ级	**
		Ⅳ级	**

图 6-4　能力指标样例

确定了目标层级的能力指标后，就可以将其作为能力发展指南的框架。能力指标可以作为能力发展指南中的"章"，能力指标下的关键行为点可以作为"章"下的"节"。接下来就可以为每个能力指标或关键行为点匹配其对应的提升方式和学习内容了。从能力的角度思考，常用的提升方式有集中面授课程、线上课程学习、书籍阅读、实践任务、复盘反思、案例研讨、辅导反馈等。由于每种学习方式都有其特点，也有其优劣势，需要根据每个能力指标或关键行为点的特征来匹配合适的提升方式，并开发相应的提升内容。最后把各个能力指标或关键行为点对应的提升方式和提升内容汇集成册，形成本目标层级/岗位的能力发展指南，即能力提升的学习地图或参照标准（见图 6-5）。

指标名称		团队塑造
书籍阅读		1.曾仕强.曾国藩识人用人之道[M].杭州：浙江工商大学出版社，2014. 2.段泓冰.促动：激活团队能量的领导力法则[M].北京：北京联合出版公司，2015. 3.詹姆斯·库泽斯，巴里·波斯纳.激励人心：提升领导力的必要途径[M].王莉，译.北京：电子工业出版社，2015. 4.初笑钢.团队学习力：从学习型团队到基业长青[M].广州：广东旅游出版社，2014. 5.内部资料《******营销省办能力模型》 6.国家相关法律法规，如《劳动法》《合同法》；公司人力资源相关管理制度和流程
培训课堂	I 级	1.线上课程 ******************，19课时 2.外部课程 ***************，2天 3.线上课程 "用人攻略15招"，15课时 4.内部课程 "绩效评价与奖惩" 5.内部课程 "员工的日常生活管理与团队氛围营造"
	II 级	1.线上课程 ******************，20课时 2.外部课程 **********，2天 3.外部课程 "激发员工的潜能"，2天 4.内部课程 "员工的招聘与辞退" 5.内部课程 "内部人才培养"
	III 级	1.线上课程 "招聘技能进阶之道"，23课时 2.线上课程 *************，7课时 3.外部课程 *************** 4.外部课程 "留住好员工"，2天 5.内部课程 ******************
	IV 级	1.线上课程 ***********，25课时 2.线上课程 "人才盘点"，29课时 3.外部课程 ********************，2天 4.外部课程 "TTT——授课技巧"，2天
任务实践	I 级	1.******************************* 2.制订本年度本部门的人才激励与培养计划，得到上级审批后实施，跟进执行情况
	II 级	1.******************** 2.************************** 3.调研部门人员现阶段的工作心态/动机，设计差异化激励措施：制定部门的庆祝机制
	III 级	1.****************** 2.*********************** 3.在本部门内选择1~2名高潜力人才，作为所选人才的导师，制定带教辅导目标和计划，实施计划，培养人才
	IV 级	1.************************ 2.盘点现阶段本部门人才梯队状况（包括岗位职责/工作重点、人员的绩效/能力水平等），规划1~2年内部门人才梯队，并根据人才状况和梯队缺口，采取相应的行动（外招、内培、人才保留、优化等），建立健康的人才梯队
能力展现	I 级	—
	II 级	—
	III 级	在公司内进行团队塑造相关主题的成功经验分享，参考主题：团队人才地图活用、团队激励与认可、团队凝聚力打造、人才培养与指导、人才梯队建设、部门各项管理制度的建立与完善等
	IV 级	1.作为引导师，分享团队塑造案例，通过提问引导其他部门经理进行相关思考，促进部门经理在团队塑造方面整体能力的提升 2.********************

图 6-5　能力发展指南样例

对标：找准测评工具，确定学员能力的优劣势

在这个阶段，如果能够基于已经确认的目标层级/岗位能力模型来对学员的能力水平进行测评，为学员的能力提升找准方向，将大大提升培养的效果。测评结果的信度和效度与诸多因素相关，但由于这里的测评主要应用于能力的提升和培养，而非人才的选拔与晋升，因此在实施时，注意以下几点即可。

➧ 为确定的能力指标匹配合适的测评工具

一般而言，人才测评形式分四大类：笔试法、面试法、心理测验和评价中心。

✓ 笔试法主要用于测量人才的基本知识、专业知识、外语知识、分析能力、文字能力等。

✓ 面试法通过面对面的观察和交谈收集相关信息，从而对受测者进行评价。面试法的应用范围较广，如果问题设计合理的话，能测评的能力指标也较多。

✓ 心理测验常用的方法是线上标准化测验，即依据标准的方法和技术对心理特征进行推论和量化分析，包括动机、风格、认知能力等内容。因为使用标准化测评问卷，故实施成本较低，但标准化测评问卷一般较难基于各个企业定制化的需求进行问卷内容的调整。

✓ 评价中心是综合使用多种测评方法和技术，由多名评价者共同实施的一种综合测评系统，包括无领导小组讨论、角色扮演、案例分析、公文筐、管理游戏等形式。由于采取多评价者、多工具进行测评，结果的效度最高，但实施的成本相对也高。

项目组织者需要依据所确定的能力指标，基于测评的目的和测评结果的应用场景，选择适合本企业实际情况的测评工具。

➧ 采用两种或以上的测评方法对同一能力指标进行测量

该方法可以达到交叉考察的目的，提高评估的客观性和全面性。对于大部分能力指标，多数企业采用较多的交叉考察工具是 360°线上调研问卷和线下 FBEI 访谈（定向行为事件访谈）。360°线上调研问卷收集的是与受测者工作有密切关系的人员的反馈，代表企业内部视角；FBEI 访谈是一种开放式的行为回顾式探

察技术，通过让受测者详细讲述自己在过去的工作经历中发生的某些行为事件，揭示受测者的能力水平，一般由外部顾问实施，代表企业外部视角。这两种工具相结合的测评，成本相对较低，实施相对简单，测评结果信度、效度较高。

> ◆▶ **测评结果需要被正确而科学地解读，以提升学员的自我认知**

笔者过往的项目经验表明，这个环节最容易被项目组织者忽略，一方面项目组织者认为测评报告比较简单，一看就能明白；另一方面需要额外组织报告解读，会增加各方面的成本。其实，要改变一个人的自我认知并不是一件容易的事情。从学员对人才测评工具的想法和期望到对测评结果的理解和认可，再到把测评结果结合到未来的自我提升，这个过程的发展得并不像项目组织者想象得那么简单和顺利。这时，如果有专业的外部顾问或内部人才发展专家介入，进行有效的解读和引导，帮助学员更好地"照镜子"，了解自我，就能更好地促发他们改变自我的动力。

▋达标：找准提升内容和方式，实现能力靶向培养

有了建标阶段输出的能力发展指南，以及对标阶段输出的能力测评报告，导师和学员就可以结合这两份材料，一起输出辅导手册了。

在辅导内容的选取上，比较容易出现的误区是只根据学员的能力短板选取辅导内容。其实能力提升可以考虑两个方向：扬长和补短。建议导师和学员一起，根据学员的能力测评报告，结合学员在日常工作中的行为表现，最终确定学员的优劣势。导师还需要跟学员进一步探讨，基于企业现阶段的发展需要、公司及部门中短期的工作重点，学员需要在什么能力上"扬长"或在什么能力上"补短"。在能力选取的数量上建议聚焦，一般不超过 3 个。

在所选取的能力提升方式和内容上，可直接参考能力发展指南。基于"721"学习法则，建议在提升方式的选取上，同一能力采用多种方式，让不同的提升方式在实施过程中形成闭环，共同促进该能力的提升。这里需要强调的是，学员在"干中学"过程中，是最需要导师给予支持的，包括各种资源的提供和支持、过程中遇到困难和挑战时的引导和帮助等。在编写辅导手册的过程中，需

要在能力发展指南中的框架性指引的基础上做进一步细化，尤其是任务历练方面的具体和细化，一方面确保培养效果，另一方面方便在辅导过程中的落实和跟进。

确定了需要提升的能力及这些能力对应的提升方式和具体的提升内容后，就可以形成辅导手册了。当然，有些企业会根据实际情况简化以上流程，只要求导师与学员共同完成个人发展计划。制作个人发展计划的原理虽然也是针对某一待提升的能力配置不同形式的提升方式，但因为缺少建标或对标环节，做出来的个人发展计划看似逻辑与辅导手册一致，但能力提升的效果与辅导手册相差极大。但如果有了建模和对标环节，在达标环节虽然只是制作一份个人发展计划，而非辅导手册，只要保障个人发展计划的有效实施和有序推进，依然可以达到能力提升的效果。

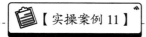
【实操案例 11】

某大型饮料企业管培生导师制项目的导师指导手册

某大型饮料企业在 2021 年管培生导师制项目启动之前，其人才发展部门联合外部咨询公司精心雕琢了《业务导师指导手册》《人力导师指导手册》各一本。在手册中，除了介绍导师选、育、用、激励等相关的管理制度，还对管培生项目的背景、内容做了详细的陈述。最浓墨重彩的一笔就是管培生在一年的轮岗期内，在不同岗位上学习的内容，包括需要掌握的知识、技能，需要历练的任务及各项能力要求。针对具体的学习内容，手册中列出了管培生需要学习的线上线下课程、内部管理制度或资料及图书名称。最后，手册还提供了导师在辅导过程中所需要的工具表单，如管培生的周日志、月总结表，导师的辅导记录表、考核评估表。当导师们拿到这本内容翔实、设计精美的导师手册时，脸上都露出了安心的笑容，感觉这本手册让他们在带教辅导过程中有据可依，心里踏实了不少。

本章关键点

```
开发导师手册，支持导师成功
    │
    ├──【场景11】带教教材，导师指南
    │
    ├── 图6-1企业导师手册开发方向
    │
    ├── 新人导师带教手册的编写
    │       │
    │       ├── 工作任务分析
    │       │       └── 表6-1工作任务分析结果样例
    │       ├── 手册内容编写
    │       │       ├── 图6-2带教学习模块样例
    │       │       └── 图6-3带教学习单元样例
    │       ├──【避坑指南5】DACUM研讨会业务专家的选取
    │       └──【实操案例10】工作任务分析及手册内容编写在产教融合中的应用
    │
    └── 新管理者辅导手册的编写
            │
            ├── 建标：建立管理者的能力素质标准
            │       ├── 图6-4能力指标样例
            │       └── 图6-5能力发展指南样例
            ├── 对标：找准测评工具，确定学员能力的优劣势
            ├── 达标：找准提升内容和方式，实现能力靶向培养
            └──【实操案例11】某大型饮料企业管培生导师制项目的导师指导手册
```

第7章 赋能师徒，拉动师徒关系建立

正如前文所提到的，企业导师制项目成功的关键要素是让导师和被辅导者有良好的项目体验，这样，他们在项目里的参与度和投入度才可能有保障。对大部分导师来说，除了时间上的挑战，另一个影响他们在项目中投入和产出的重要因素是导师技能。而对被辅导者来说，除了对学习内容的兴趣和信心，如何与导师沟通和相处则是影响其投入的另一个重要因素。因此，赋能师徒，帮助他们多了解项目，多了解导师制，并学会如何与对方建立关系和信任，让他们在项目中获得更多的成就感，同时让他们感知项目的价值，从而让他们有良好的项目体验，是导师制项目开展前期和开展过程中的一个关键环节。如今，越来越多的企业意识到传统的师带徒难以在人才培育中发挥它们所期望的作用，并希望做出一些实质性的改变，而赋能师徒则是大部分企业做出改变的第一步。

在师徒关系中，师徒是相辅相成的，都需要付出努力并运用适当的技巧来建立彼此之间的关系，所以师徒两个群体都要赋能。但毫无疑问，在师徒关系中，导师的主导性更强，影响力更大，赋能导师的难度也更大。因此，作为导师制项目的管理者，需要花更多的心思或运用更多的资源在导师赋能中，这也是为什么大部分企业会请外部专业讲师来完成导师赋能的核心内容。

● 【场景 12】赋能，好师父/好徒弟这样当

企业制作了详细完整的带教手册之后，导师们照着做就好了啊，还有必要给导师和被辅导者安排其他赋能培训和活动吗？

● 【场景问题解析】

在大多数企业，导师的带教辅导都是以传统的师带徒形式展开的。常见的做法是：当有一名或一批员工需要提升能力、被辅导时，就给这些有需要的员工委

派相应的、有经验的师父，通过师带徒形式的在岗培训开展"传帮带"，然后就静待花开。至于花是否能开，就只能靠运气了。笔者从众多传统师带徒培养的失败经历中总结出，不进行师徒赋能，不帮助师徒掌握在项目中所需要的技能，只靠碰运气式的"传帮带"，项目最终多半都是不了了之，甚至以失败告终。而这种情况给师徒带来的后果除了不良的项目体验，还有公司层面和众多员工对项目的各种诟病，诸如导师制项目没有效果、没有价值，导师制项目浪费师徒的时间，等等。这不仅会对将来开展此类项目带来更大的阻力，更会让人才培养的价值备受质疑。当然，导致导师制项目失败的原因有很多，但不进行师徒赋能可能是最直接的原因之一。

7.1　赋能导师

作为导师，需要哪些内容的赋能？这要从对导师的能力要求，也就是导师能力模型开始谈起。不同企业对导师的能力要求有所不同，或者说各有侧重点，但作为导师至少需要具备两方面的能力，一是了解企业的导师制，特别是与项目内容和导师管理制度相关的条款；二是与被辅导者建立关系、实施带教辅导等，在带教辅导过程中能与被辅导者建立起良好的师徒关系，有效地发挥导师的作用，帮助被辅导者成长。

从本书第 3 章中的导师能力模型和发展通道所推导的导师通用学习地图可以看到，为帮助导师从初级导师成长为中级导师、高级导师和资深导师，可从"传道、授业、解惑"3 个方面给导师赋能。不同级别的导师，其定位和职责不一样，赋能的侧重点也不一样。

初级导师赋能

初级导师的定位是能够带教辅导一名学员。对初级导师的要求是能够正确地带教辅导学员。他们需要掌握专业或管理领域的知识技能和带教辅导技巧，比较流畅地完成"授业"相关的工作，帮助被辅导者掌握相关领域所需的知识、技能和能力；他们还需要为导师管理制度、导师制项目、导师工作的改善等提出有价值的建议和意见。基于以上定位和要求，需要着重给他们安排企业的导师管理制度、导师制项目内容的学习，包括导师的角色定位与职责、能力模型、发展通道和任职要求、绩效管理、积分管理和激励制度、导师制项目介绍等，着重让他们了解企业对导师的整体和具体要求，也让他们感受到成为导师的价值，同时让他们具备对相关制度和项目内容提意见和建议的基础能力。此外，还需要着重安排导师在"授业"技巧层面的学习，包括带教辅导目标的制定和管理、带教辅导计划的制订、业务或管理技能相关内容的带教辅导等，旨在帮助导师掌握具体的带教辅导技能，让他们把对的内容用对的方法高效地传授给被辅导者。

在赋能的形式上，除了制度和项目相关资料的阅读，建议线上、线下相结合，将制度和项目的相关介绍制作成录播课程，放在企业的线上学习平台，设置为初级导师的必修课程。在制作线上课程时，需要匹配相应的测试题，确保线上课程的培训效果。而与"授业"相关的内容，线下课程的效果会更好，除了一些知识技能点的讲解，在课程中还可以增加相应的教学设计，如角色演练、练习等，强化初级导师对相关技能的掌握。关于带教辅导内容的获取，可直接使用高级导师梳理的带教辅导手册，或者在线下课程中学习相关要点并结合课后作业的形式完成。

对初级导师就以上两项内容的赋能，一般会安排在项目开始初期，建议在1～2周内完成，确保初级导师有信心、有能力从一开始就把导师角色做好。

中级导师赋能

中级导师的定位是有能力担任2名及以上学员的导师。对中级导师的要求是提升带教辅导的效率，同时能应对在带教辅导过程中出现的更多复杂的情况和挑战。因此，他们不仅需要掌握解惑方面的技巧，还需要在授业的基础上，较好地向被辅导者进行企业文化的传承，并为被辅导者提供职业心态、职业发展方向等方面的建议和意见。进一步地，企业还期望他们能够参与带教辅导内容的更新和迭代工作，并为带教辅导的方法、工具、表单改进负责。因此，倾听、提问和反馈等教练技术的学习可以提升中级导师答疑解惑的能力。中级导师还要学习企业文化传承、职业发展辅导等人力资源领域的专业知识。最后，中级导师如果能进一步学习时间管理、压力管理、表达、复盘等技巧的话，就更能提升带教辅导的效率，并为他们参与所需的导师相关工作预备相应的能力。

以上建议的学习内容，时间管理、压力管理、表达技巧、复盘技巧等可作为通用类课程，放在线上平台供中级导师学习。但仅掌握这些理论知识还远远不够，建议基于中级导师带教辅导的场景和挑战，设计这些主题相关的练习或线下研讨，帮助他们切实掌握作为中级导师如何更好地管理时间、应对压力、精准表达并及时复盘。教练相关技术最基础的赋能形式是面授课程，但如果企业寄希望于只通过数小时的赋能，就让中级导师掌握教练技术，这实在有点不切实际。要掌握教练技术，唯一的途径是练习、练习、再练习！所以，除面授课程外，企业需要尽可能多地提供机会让中级导师练习课堂上所学的教练技术，如可以让他们提供教练场景，互相练习。如果企业内有资深导师，则可以让资深导师带领中级导师进行教练技术的练习。而对于企业文化传承和职业发展辅导等，建议为中级导师提供有价值的、丰富的学习材料。例如，对于这两个主题相关的理论、介绍和案例等，要先让中级导师自学，为他们准备好充足的材料，然后才能进行这两个主题的辅导带教。

中级导师级别以上的学习，比较适合在整个导师制项目中持续开展，灵活组织小型的、多种形式的、不同内容的线下研讨，润物细无声，逐步夯实中级导师的相关技能。

高级导师赋能

高级导师的定位是有能力成为小组导师制中的导师。因为要同时带教辅导一个小组的学员，高级导师除了要娴熟地与被辅导者建立互信、尊重的关系，双方形成良性沟通和互动，还要掌握如何在带领一个小组的学员进行学习的同时进行有效的引导。另外，他们还需要参与带教辅导内容的开发和设计，是教学内容的主要贡献者。因此，他们需要系统地学习结构化在岗培训、工作任务分析法、带教辅导手册开发等技术。进一步地，他们还要学习关系建立技巧和引导技巧。

对业务专家或管理专家来说，理论学习是相当枯燥的。学习这类对他们来说非专业领域的内容，最合适的方法是让他们"干中学"。第 6 章提及的带教辅导手册的开发需要业务专家的参与，高级导师最适合以业务专家的身份参加手册开发工作坊。在工作坊中，他们一方面能学到工作任务分析、手册开发、结构化在岗培训等理论知识；另一方面又能在工作坊中输出项目所需要的带教辅导内容，正所谓一举两得。除了工作坊，还可以给予高级导师与此类学习技术相关的图书，让他们建立系统的理论框架，为他们日后开发更多的带教辅导内容做进一步的准备。而关系建立技巧、引导技巧的学习则需要先在面授课程中完成，然后在项目中不断历练和精进。

手册开发工作坊一般会在项目开始前完成，为导师带教辅导做好充足的准备。高级导师需要学习的面授课程，也建议在项目启动阶段完成，以更好地装备自己，从而更好地带领小组学习，更好地与一组学员建立关系。对于学习技术方面图书，可以要求高级导师在项目周期内完成自学。

资深导师赋能

资深导师的定位是有能力成为初级、中级、高级导师的导师，能通过面授课程向初级、中级导师讲授带教辅导技巧相关课程，并在日常导师工作中对初级、中级、高级导师进行相关的辅导和指导。同时，他们需要参与导师选拔、导师资质评定工作。另外，他们还需要参与策划导师制新项目，为组织的绩效改善提供建议和意见。资深导师通常在企业中担任导师及内部讲师（有些企业称为内训师或内部讲员）的年限较长，对人才的培养和发展有一定的经验积累和心得，并且对企业内的人才培养有较大的贡献。他们可能已经掌握了面授课程的开发与设计技巧、授课技巧等，这些技巧可以帮助他们开发或迭代与带教辅导技巧相关的课程。另外，他们需要学习人才测评技术、绩效改进技术和咨询/顾问技术等，因为这些技术可以帮助他们更好地履行资深导师的职责，并成为企业内部的人才发展顾问，为企业的人才问题问诊并给出解决方案。

像人才测评技术、绩效改进技术和咨询/顾问技术等的学习，资深导师除了要掌握一定的理论基础，更重要的是通过参与多样的、众多的人才管理项目来历练和提升相关能力。因此，除了课程、图书等形式的学习，给资深导师充足的机会加入人才管理项目的设计与策划，也是帮助他们提升这些能力的重要方式。担任资深导师的人员通常是企业里的高级管理人员或类似总工程师级别的技术专家，可考虑在他们的工作职责中增加与人才发展相关的内容，可行的话，甚至可以让他们分管人才发展领域，这样他们就责无旁贷，更自动、自觉地参与相关项目并进行历练和提升。

对资深导师的赋能，是一项长期工程，不合适像对初级、中级、高级导师的赋能那样依托在某个导师制项目中进行。另外，一个企业中的资深导师人数不会太多，也不合适通过在企业内部组织一两次培训来完成此种赋能。建议企业的人才发展工作者把资深导师赋能放在企业层面中长期的培养规划中，按照以上原则逐步推进。

【避坑指南 6】开展一次面授课程，就能完成赋能吗？

在大部分企业中，导师赋能还处在较为粗放的阶段，难以一下子做到以上所述的分层分级的精准培养。很多企业在刚实行导师制时，一般默认所认证的导师均为初级导师，但对这些导师的要求又比较全面，因此基于导师的能力要求，全面开展传道、授业、解惑三方面技能的"扫盲式"赋能培训，这当然是一个可行的办法。但需要提醒的是，不是开展一次面授课程，就认为完成了导师的赋能。恰恰相反，此类面授课程只是导师赋能的开始。导师制项目管理者应该以导师学习地图为框架，以面授课程的内容为指引，设计一系列知识技巧强化、跟进练习等活动，并把这些活动融入导师制项目中，这样才能真正做到赋能导师。

导师赋能可以以两种形态出现。

✓ 对于大型的、人才发展成熟度较高的企业，进行了不同层级的导师认证，建立了导师库，导师赋能可融合在企业的年度培养计划中，不依托某个导师制项目。在这种情况下，可以规划各个层级导师的训练营，或者整合成大型导师培养项目，即开展不同级别导师的融合学习，甚至在导师中开展"传帮带"，让相对高级别的导师帮扶相对低级别的导师。

✓ 对于某些人才发展成熟度不高的企业，或者缺少导师制项目经验的企业，通常根据项目需求聘用导师，导师赋能也是依托某个导师制项目开展的。这时，为了更有效地赋能导师，可以在导师通用学习地图所指引的学习主题的基础上，根据即将开展的导师制项目的特点，定制导师赋能的学习内容。课程"导师带教辅导技巧"是基于唐代文学家韩愈的《师说》一文中的"师者，所以传道授业解惑也"开发设计的，主要从对导师的三大能力要求，同时也是导师的三大职责——传授道理、教导专业、答疑解惑展开赋能。传道关乎被辅导者的人生方向和价值观，导师需要学习如何就被辅导者更深层次的问题进行指导；授业是对导师的基本要求，导师要做好授业，需要掌握"教什么"和"怎么教"的知识和技能；而被辅导者要么是刚加入公司的新员工，要么是即将进入或刚进入管理岗位的新任管理者，要么是面临进入新岗位或学习新技能挑战的员工，他们会有各种各样的疑惑，导师要学会解答这些疑惑。此课程能帮助导师将带教辅导内容结构化，将带教辅导技巧结构化。基于这个标准的课程框架：

- 对于新员工的导师制项目，导师赋能需要从传道、授业、解惑 3 个方面展开，特别侧重于授业和传道，因为对新员工来说，更看重岗位技能的传授；同时，新员工，特别是校招生，面临从校园到职场的巨大环境转变，更需要人生方向和价值观方面的指导。

- 对于新管理者的导师制项目，导师赋能更需要从解惑着手，让导师学习倾听、提问、反馈等教练技术，帮助被辅导者解惑，激发他们的潜能，让他们更快、更好地从个人贡献者转变为管理者角色。

- 对于新技能带教导师项目的导师赋能，需要着重解决专业技能传授问题，也就是要切实帮助导师解决"教什么"和"怎么教"的问题。

- 对于新员工导师制项目中以陪伴为主要目的，而非以授业为主要目的设置的入职引导人、生活导师等，对他们的赋能则需要侧重于让他们了解新员工的心态和诉求，以及与新员工沟通的技巧。

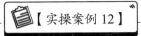

【实操案例 12】

导师制新战场：制造业实训基地

M 集团是国内头部电机制造集团，在全国建立了五大实训基地。这些实训基地主要针对蓝领员工（包括新员工）开展技术培养和考核认证。2018 年，仅在华南实训基地就约有 1 万名新员工和 2 万名各类各级的技术员工参训。2019 年，M 集团在华南实训基地开展了覆盖约 300 名实训师的导师制项目。值得关注的是，实训基地对实训师的能力要求是：既需要具备岗位技能及带教辅导技能，又需要掌握面授课程开发的能力和授课技能。在该基地的实训师赋能上，需要考虑的是实训师与常规的企业带教导师的职责有所不同，其工作场景也不同。因此，需要对实训师的工作进行任务分析，区分实训师的级别，绘制学习地图，以明确实训师的分层分级培养内容和方式，而这些工作都必须走在实训师赋能的前面。实训基地导师能力要求如图 7-1 所示。

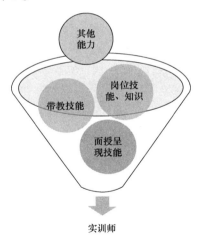

图 7-1　实训基地导师能力要求

7.2　赋能徒弟

在大多数情况下，导师制项目是由于被辅导者的知识、能力、经验等层面的提升需求而被提上人才管理者的工作日程的。因此，在项目中，被辅导者的赋能经常被忽略，因为他们被认为不缺乏学习动机和学习能力。在大部分企业中，当开展导师制项目时，一般都会考虑赋能导师，却很少考虑赋能被辅导者。殊不知，被辅导者在项目中也非常需要被赋能。一方面，被辅导者在师徒关系中处于相对弱势的地位，更容易显得被动和无助，这会影响他们向导师学习的效果，所以需要通过赋能来帮助他们改变心态，让他们学会如何与导师建立关系；另一方面，他们在向导师学习岗位所需的专业知识技能或管理领域的相关知识经验时，需要具备为自己的学习负责任的能力，因此他们需要学习如何规划自己的职业生涯和发展通道、如何为自己设定学习目标、如何跟进自己的学习进度、如何检验自己的学习效果等，同时激发他们的主观能动性。

由此看来，对被辅导者赋能的"能"含义更加广泛。除了技能、能力上的提升，被辅导者还需要注意摆正心态、增强信心，以全面装备好自己，让自己在师徒关系中更加游刃有余。因此，赋能徒弟，不能只停留在课程、自学、研讨、历练等与学习相关的形式上，还需要注重机制、活动、人文关怀等形式的补充。

摆正心态

帮助被辅导者摆正心态，是赋能的一个基本环节。摆正心态需要关注以下 3 个层面。

➤ 学习心态

对被辅导者来说，比较容易陷入一种"公司让我学""导师让我学"的被动心态；对新员工来说，尤其是刚从学校毕业的学生，刚进入企业，可能会有各种不适应，对于新知识和新技能的学习容易有畏难情绪，甚至对自己能否满足企业要求，能否快速胜任岗位抱有怀疑的态度。因此，需要关注被辅导者的学习心态，帮助他们摆正学习心态。一方面可以利用一些机制，如在项目中要求被辅导者先自行设定学习目标、制订学习计划等来促进他们思考在学习中想达成的目的及路径，以建立他们对学习的主人翁精神，树立"我要学习、我要成长、我为自己的能力提升负责任"的主动心态；另一方面需要通过建立和开放一些让被辅导者能自由表达内心想法的平台，如企业内部的社群、贴吧等，或者项目小组成员通过不定期的、随机的一对一沟通时刻关注他们的想法，当他们有需要时及时采取措施进行干预。

➡️ 与导师建立关系的心态

在新员工或新任管理者导师制项目中，师徒关系的建立普遍会出现这样的情况：可能是基于对导师的尊敬或仰慕，很多被辅导者在与导师建立关系时，会带有患得患失的心情。他们或是害怕自己的出现会打扰导师，干扰导师的正常工作节奏，给导师带来麻烦；或是担心自己的表现没有达到导师的期望，让导师失望，担心导师给予他们负面评价；当他们对导师给出的意见、建议和期望不太认同或不太理解时，不敢表达或不懂如何表达自己的想法。有时，导师因为业务繁忙而缺乏耐心的互动或爽约，也会给被辅导者的心情带来负面的影响。久而久之，被辅导者内心的想法越来越多，顾虑越来越多，越来越被动，也越来越难与导师建立有安全感的、亲密的关系。"我在导师制项目实施的一年中都没有主动找过导师。"这是在一个新任管理者导师制项目中，一名被辅导者对笔者说的话。这种状态对被辅导者的学习非常不利，他们从不敢向导师求问，到不想向导师求问；他们很难与导师顺畅地交流，无法从导师那里学到他们所需要的知识、技能和经验。"解铃还须系铃人"，要规避这种情况的发生，需要导师在关系中主动澄清。例如，在建立关系之初，导师要跟被辅导者就师徒关系中的角色、承诺与期望进行沟通，让被辅导者了解导师的沟通风格、通常的日程安排，以便在关系中有更良性的沟通；在师徒的日常互动中，导师应该多主动、多关心、多倾听，多让被辅导者自由表达想法和提出问题，建立安全感。要想让导师做到这些，就要赋能导师。所以，从赋能导师，到导师赋能徒弟，帮助徒弟具备与导师建立良好关系的心态，是一个能量正向传递的过程和结果。

➡️ 职业发展心态

在新员工导师制项目中，影响被辅导者心态的一个重要因素是他们的职业发展方向。这在校招生导师制项目中尤为明显。"这是一个朝阳行业吗""我喜欢这家企业吗""这个岗位的工作有价值吗""这里的工作内容有趣吗"等问题，都是造成被辅导者心态不稳定的因素。曾经有一位在企业里从事工艺工作的导师告诉笔者，他的徒弟以要读哲学的理由辞职了，原因是他不想从事工艺工作。因此，有必要给被辅导者进行职业发展方面的赋能，让他们了解在企业中的职业发展通道，他们可以选择的职业发展路径有哪些，每个职能、部门、岗位的工作内容和价值是什么，选择不同的职业发展路径所需要付出的努力、需要学习的内容、需要经历的历练和考核又有哪些，等等，帮助他们开放心态，自由选择，找准方向，并朝着既定的方向去努力。

树立好职业发展心态，能帮助被辅导者在企业中更稳定地工作；打开与导师关系的心结，能帮助被辅导者更有安全感地学习和成长；树立积极主动的学习心态，能帮助被辅导者学习得更有动力。态度决定成败，有了正确的心态，被辅导者离"学有所成"就不远了。

技能学习

技能学习是赋能徒弟的重要内容，被辅导者需要学习和掌握以下几个方面的技能。

➤ 学习技巧

关于学习技巧，被辅导者如果了解以下两方面的内容，将能够帮助他们在学习上更有目标感和方向感，也能让他们知道具体在学习中如何与导师互动。

✓ 能力提升的路径和方式。被辅导者的目标不仅包括掌握岗位要求的知识和技能，尽快胜任岗位，还包括企业对其岗位所在层级员工的能力要求。也就是说，如果让被辅导者尽快了解企业对他们的能力要求，并让他们知道可以通过什么样的学习方式、在哪里获取相关的学习资源等信息，他们将更容易有清晰的学习目标，也能制订相应的学习计划。因此，可以向他们介绍或发放层级胜任力模型、学习地图等资料，这对他们的学习将有极大的帮助。

✓ 导师带教辅导的流程。对于岗位知识技能的学习，将在项目中通过导
师的带教辅导获得。因此，有必要让被辅导者了解导师带教辅导的流
程，如"带教准备—带教实施—带教总结—带教跟进—带教考核"的
闭环流程，带教实施中的"我说你听—我做你看—你说我听—你做我
看"的教学方法，让被辅导者做到心中有数，也能更好地配合导师的
教学实施。此类内容的赋能可以做得较"轻"，通过线上录播课或由导
师直接讲授完成即可。

➡ 提问技能

对被辅导者来说，尤其是校招新员工，在与导师互动时的一个痛点是不会提
问。"不会提问"通常表现在以下几个方面。

✓ 问一些很简单的问题，其实这些问题的答案很容易在网上找到。

✓ 问一些听起来"很大"的问题，让导师很难回答。

✓ 在导师不方便的时候，向导师提问。

✓ 期望从导师那里直接得到标准答案。

......

由于校招生刚踏出校门进入职场，大多数职业化程度都不高，因此需要通过
赋能让他们学习如何提问，包括但不限于提问前的准备、一个好问题应具备的要
素、应该先问什么类型的问题后问什么类型的问题、提问的时机等。此类赋能适
宜通过线下面授课程进行，在课堂中基于不同的场景设置大量的练习，让学员切
实掌握提问技巧。

➡ 跨部门协作技能

在大部分企业中，"部门墙"或多或少都会存在。因此，无论是新员工还是
新任管理者，跨部门沟通都是一个难以逾越的障碍。帮助被辅导者学会跨部门沟
通和协作，不仅能让他们在工作中获得更多的资源和支持，使工作更顺利地推
进，更容易地获得工作上的成功，还能减轻导师的压力，让导师在带教辅导中更
加省心。这方面的赋能内容包括企业不同职能和不同部门的工作重点、立场、考

核指标，从公司层面帮助学员看到整个价值链的协作和冲突点，以增加他们的大局观和同理心。在这个基础上，进一步让他们学习一些基本的跨部门沟通技巧。这些内容的学习建议通过线下讲解和研讨配套练习进行。

增强信心

帮助被辅导者增强信心，是赋能徒弟不可缺失的一个环节。这方面的工作可从以下两个方面着手。

➤ 给予及时反馈

根据成人学习原理，被辅导者在学习过程中具备信心是非常重要的。他们的信心不仅来自导师的鼓励和认可，还来自带有改进建议的反馈。当他们知道自己的提升点，并得到明确的、具体的、可行的改进建议时，他们的信心也会备受鼓舞。因为人们总是希望知道自己的状况，知道自己在哪些方面可以做得更好，知道自己进步的空间和方向。他们会觉得只要按照导师的建议去做，就一定有进步，这样他们就会更有信心。

因此，被辅导者需要的反馈是来自导师的。导师需要被赋能，学习如何给予反馈，从而正确地给予被辅导者反馈，增强他们的信心。

➤ 提供展现舞台

在项目中，可通过各种不同形式、不同规模、涉及不同人群的活动为被辅导者刻意创造展现自我的机会，增加他们在企业中的曝光率，帮助他们增强信心。有些企业会为被辅导者组织技能表演、演讲比赛、辩论大赛等大型活动，让他们在企业内一展身手；有些企业则会在项目中组织一些学习心得分享、结对子互助、管理经验萃取等小型活动来树立优秀被辅导者榜样，逐步拉齐被辅导者的信心；还有些企业会针对被辅导者进行阶段性评优，如优秀学员、优秀作业、最佳进步奖、最佳学习方法等，营造鼓励积极向上、认真学习的氛围，奖励尽可能多的被辅导者，也让尽可能多的被辅导者增强信心。以上这些活动，除了能提升被辅导者的信心，还可以保持导师制项目在企业内的热度，让企业内的员工持续关注项目，同时让导师制文化逐步植根。

当然，针对不同的导师制项目和不同身份的被辅导者，以上赋能的侧重点各不一样。如果被辅导者是新员工，特别是管培生或校招生，赋能工作需要全面铺开，他们的心态、技能和信心都要持续赋能、持续关注，做好他们的赋能工作是导师制项目成功的关键。如果被辅导者是新任管理者，需要侧重于与导师建立关系的心态和管理信心方面的赋能。如果被辅导者是学习新技能的老员工，态度和信心是关键，需要帮助他们树立"我要学习、我要成长"的态度，让他们越来越有信心和兴趣去学习新技能。

● 【场景 13】师徒联合赋能

既然带教导师和徒弟都要赋能，而且两者在某些赋能内容方面也是相关联的，那么，是不是可以师徒一起赋能呢？

● 【场景问题解析】

从上述师徒赋能的内容可以看出，导师和被辅导者需要赋能的内容在有些方面是相关联的，如建立师徒关系时的沟通技巧、导师在学习了授业技巧后需要告知被辅导者相关内容以提升他们的学习技能、导师在学习了反馈技巧后需要应用在被辅导者身上以增加他们的信心等，而且这些内容在线下完成效果会更好。为了提升赋能的效率，并增加师徒互动，有些企业会组织师徒联合赋能，即将导师赋能安排在一个教室中，将徒弟赋能安排在旁边的另一个教室中，分别由不同的老师进行赋能。当导师和徒弟学习各自需要学习的内容时，他们会分开学习；当有些学习内容和练习需要导师和徒弟一起完成时，就将他们聚集在一起。经过这样的安排和组织，不仅可以完成赋能，还可以促使他们完成师徒关系建立过程中的必要而关键的沟通和对话。

本章关键点

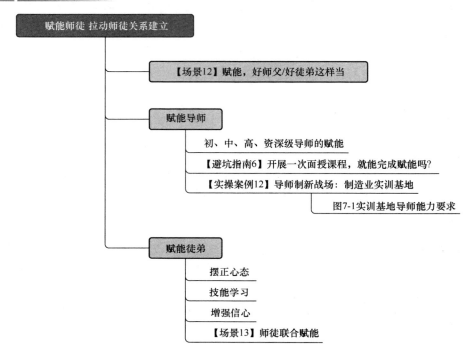

8 ▷ 第 8 章　跟进及提供支持，保持师徒激情

如果说获取共识、编写导师管理制度、设计导师制项目、启动导师制项目、开发导师手册、赋能师徒这 6 步都是导师制项目启动前或项目前期的准备动作，那么跟进及提供支持这一步就真正进入导师带教辅导徒弟的实质性工作了。如果说前面 6 步的主导者是人才发展工作者或导师制项目负责人，那么实质性带教辅导这一步的主导权就在导师和被辅导者身上，特别是导师。如果说前面 6 步是项目轰轰烈烈的吸睛环节，那么实质性带教辅导这一步在企业中的影响力就相对弱了许多，需要有效的机制或系统推动才能负重前行。

我们都知道，跟进及提供支持这一步的工作才是整个导师制项目真正起作用的环节。但往往一到这一步，就会出现各种"掉链子"现象：导师太忙了，导致带教辅导进度远远落后于计划；导师不能熟练运用或还没有完全掌握带教辅导技巧，导致带教辅导效果没有达到目标；导师带教辅导的动力或热情减退，没能持续按照计划执行带教辅导任务；师徒关系的建立出现了一些状况，双方不能进行良性的沟通……以上这些情况非常需要一个健全的监督组织和机制来跟进、发现问题、提供全面的支持，只有这样才有可能推动带教辅导按照计划持续执行，并且效果也有相应的保障。

8.1　项目跟进

根据项目设计环节制订的项目进度计划和跟进频率要求，项目小组可以进行项目各事项的推进工作，并密切关注导师带教辅导的进展。同时，根据带教辅导的进展，能从侧面了解师徒互动的状况、师徒关系建立的程度。对那些带教辅导进展远远落后于要求或计划的师徒，需要及时了解原因；对那些需要帮扶的师

徒，也要及时采取行动进行干预。

关于导师带教辅导情况的跟进，具体应如何开展呢？一般来说，应基于项目涉及的人群数量、监督跟进人手的配比情况来决定跟进的细致程度。具体操作可从跟进内容和跟进方式两个维度考虑。

跟进内容

建议以带教辅导计划或个人发展计划为目标进行靶向跟进。一般而言，计划做得越细致，跟进工作就有越多的抓手。以带教辅导计划为例，如果就学习内容匹配了与各学习主题相关的任务历练和考核内容，那么跟进时就可以查看每个学习主题的带教辅导记录、任务历练记录和考核记录是否完整。在这种情况下，跟进内容比较丰满。但某些企业考虑到导师的业务繁忙程度，不希望在导师提交相关记录方面花太多的时间，以免给导师过重的负担。在这种情况下，可以简化相关的记录要求。所以，这里需要一个平衡。例如，可规定带教辅导和分派任务的主体是导师，而考核的主体是项目小组，这样就只需要跟进导师的带教辅导记录和任务历练记录；或者虽然带教辅导和分配任务的主体是导师，但要求被辅导者负责填写带教辅导记录和任务历练记录，导师只需要签字确认就可以了，这样就可以大大减少导师的时间压力。

在跟进内容上，除了在带教辅导内容的广度和记录负责人的变化两方面进行灵活调整，在深度上也可以做一些变通。如果项目小组能做到细致地进行进度跟进，则可要求在师徒共同制订的带教辅导计划中对学习主题进行细致的分解。例如，某个一级学习主题中包含若干个二级主题甚至三级主题，那么跟进的内容就可以细致到各子主题的带教辅导、任务历练和考核内容完成情况。相反，如果项目小组人员有限，导师时间有限，则可以只跟进一级学习主题的完成情况。

另外，师徒关系的建立情况、师徒双方对项目的体验也是需要跟进的内容，因为这些因素对项目最终目的的达成有较大的影响。除了直接向师徒了解这些情况，带教辅导的进展也能从侧面反映一些问题。因此，当师徒的带教辅导进展不能按计划进行时，就需要进一步了解原因了。

跟进方式

对以上内容的跟进方式，同样可以根据项目管控的要求和项目小组的人手来决定，可以采取以下形式中的一种或它们的组合来跟进。

◆▶ 文件提交

要求师徒根据带教辅导计划，按照一定的频率（一般为每月或每半个月）提交一次文件，如相关的记录、定期的带教辅导小结或学习小结、心得等，通过电子系统、平台上传文件或发送文件至相应的项目跟进负责人。这是导师制项目开展进度跟进的常规手段，其优点是能在项目周期内让师徒主动告知他们的带教辅导状况和学习状况，若师徒能在要求的时间内主动完成文件的提交，就能减少项目跟进负责人不断跟进的负担和时间压力。但由于种种原因，在项目中总有部分师徒没有那么自觉和配合，这时就需要项目跟进负责人不断催促，把相关文件收集完整。这种跟进方式收集的信息是一些数据和文字，内容相对结构化，但不能直观地了解师徒内心的想法，特别是带有感情因素的想法。因此，如果条件允许的话，建议结合其他跟进方式一起使用。

◆▶ 汇报会

在项目开展期间，在一定范围内定期组织导师的带教辅导情况、被辅导者学习情况的汇报会，能较全面、鲜活地了解师徒互动的进展，包括学习、关系、体验等情况。同时，在会议现场，项目管理者、业务部门甚至高管可就师徒在汇报中提及的问题、困难和挑战等进行澄清、答疑和反馈。有需要的话，还可以当场制定相应的解决方案，以强化师徒在项目中投入的信心，支持他们用实际行动去投入。但定期组织汇报会的时间成本较高，如果会议需要邀请一些企业高管出席，邀约的难度也比较大。因此，开展这类会议的频次需要把握好，一般以季度为单位组织比较合适。如果在某些企业内组织汇报会的难度系数太大的话，建议把汇报会和项目中的其他活动，如结对子活动、帮扶活动、团建活动等进行联动，同时也能提高项目小组的工作效率。

➜ 系统收集

若导师制项目小组人手比较充足，且需要对项目开展情况进行系统的了解，则可通过问卷、焦点小组访谈、一对一访谈等形式了解师徒关系的建立情况及师徒双方对项目的体验。通过这些方式收集的数据不仅比较全面，且经过分析后得出的结论还能对后续在企业内开展导师制工作有较大的指导意义。但这种收集方式一方面对活动的组织有一定的要求，另一方面对企业内人才发展工作者的专业性要求较高，不仅要求他们对问卷、访谈大纲进行科学的设计，还要求他们具备数据统计和分析、访谈等技巧。因此，在决定采用该跟进方式前，需要做好相应的实施计划，并对相关的能力、资源进行盘点，力求做到"先谋而后动"。

➜ 其他信息收集形式

在针对企业内部职位较高的导师进行进度跟进时，以上方法可能不太适用。这时可以考虑一些更灵活、更有趣、多场景，但相对没有那么系统化和结构化的信息收集方式，如专门为职位较高的导师举办的月度咖啡会、季度徒步比赛等，旨在营造不同场景下导师轻松交流的氛围，同时可安排项目小组中的一名专家担任引导师，带领导师交流，从而了解和收集他们的带教辅导状况。

为了解决这些信息收集方式收集的信息不太全面的问题，建议搭配文件提交的方式，即从这些导师的被辅导者那里收集相关的信息，作为跟进内容的补充。

●【场景 14】异地带教

很多公司的分公司或经营渠道遍布全国各地，且业务主要以销售为主，在开展导师制时需要进行异地带教，怎么才能确保带教效果呢？

●【场景问题解析】

关于异地带教，建议在关系、工具、外援 3 个维度上下功夫，即异地带教"三板斧"，如图 8-1 所示。其一，在关系上，师徒之间要消除陌生感。为了帮助师徒增强彼此之间的信任，项目小组可组织一些工作以外的交流活动，并提倡师徒多进行视频沟通，通过表情、肢体语言的传递来增强彼此的熟悉感。其二，在带教辅导过程中，建议通过使用一些共享软件，如石墨文档、腾讯会议的屏幕共享等工具，降低异地带教的沟通成本。其三，增设外援。项目小组可以为被辅导者找一个同伴，最好是同一岗位、同一期进入公司的同事，一起结伴学习，以增加对组织的黏性，同时也能在降低新员工流失率上发挥功效。

图 8-1　异地带教"三板斧"

跟进工具：电子系统

在整个导师制项目的实施过程中，推荐使用电子系统来高效监控、促进、推动项目的落地和实施。电子系统首先是一个学习监控平台，带教辅导计划、带教辅导记录、被辅导者的自我总结、知识测试、测试的批改和结果记录、行为观察记录表等文件的提交，以及对每个导师做出的带教辅导进度结论、评语、反馈等，都可以通过此类平台实现，这样可以方便项目管理者、项目跟进负责人对整个带教辅导过程进行高效的跟踪与监控，随时、实时检查带教辅导的执行情况和效果。这类平台不仅能免除项目跟进负责人像保姆一样去跟进、催要各种文件，还能避免他们辛辛苦苦要回来的内容残缺不全的尴尬。

电子系统除了可以作为学习监控平台，其作用和价值还有以下几点。

✓ 我们都知道，随着企业内部的架构、系统、流程、产品的变化及外部客户、法律法规等新要求的出现，需要定期对导师带教辅导的内容进行更新和迭代。电子系统可以作为一个动态的文件管理系统，让负责带教辅导模块内容更新的相关人员对相关的内容进行实时更新、发布和培训，这样做可以确保在全球或全国不同地域的导师和被辅导者实时获得带教辅导模块学习内容的最新信息。

✓ 电子系统作为学习资源平台，把适合线上学习的内容开发成微课，在项目中采用线上线下相结合的学习方式共同提升带教辅导效果。另外，作为学习资源平台，电子系统还可以进行师徒配对，诸如在平台上发布导师的简历信息，让被辅导者挑选青睐的导师等。

✓ 电子系统作为学习网络，可以帮助异地师徒进行线上互动。即使导师和被辅导者在同一区域，被辅导者也可以通过电子系统提交作业，导师可以在系统上对学员的作业进行批改和反馈。通过电子系统，导师可以分享带教辅导心得和成功案例，被辅导者可以分享学习心得及所学内容对实际工作的帮助。毫无疑问，这些互动都能对带教辅导产生正面的影响。

✓ 项目小组还可以通过电子系统为导师和被辅导者分别设置游戏化的学习旅程，让他们通过"升级打怪"来获取积分，通过积分的累积来进行导师之间、被辅导者之间学习速度、学习效果的比赛，这些游戏可以激发师徒各自的学习兴趣，并促进学习有效地完成。

✓ 作为公司管理者和人才发展工作者，可以通过电子系统收集、分析与带教辅导相关的各种数据，并以此来呈现导师制项目的价值，这些数据能对未来的导师制工作规划具有指导性意义。例如，结合某一模块的学习时长或某一岗位或层级的带教辅导总时长，关联带教辅导考核结果进行相关性分析；还可以从带教辅导考核结果与被辅导者的业绩、新员工的士气和离职率等的相关性分析中看导师制项目对组织业绩产生的影响，等等。另外，电子系统还可以在企业人力资源管理系统中进行二次开发，开发出以上提及的各种功能；也可以从外部采购成熟的导师制电子系统或平台，并通过开发的接口连接人力资源管理系统。无论是哪种情况，带教辅导数据都可以实时关联到人力资源管理系统中的人口数据、绩效数据、能力数据等，为人才决策提供人力资源管理范畴的整体性分析和客观依据。

以上种种都说明了电子系统在实施导师制项目过程中的重要性。企业如果希望导师制在企业的人才发展方面发挥长足的价值，就十分有必要进行电子系统的规划和布局，并采取行动让电子系统尽快上线，以便有效助力导师制项目的落地和实施。

●【场景 15】基于带教手册的辅导及跟进计划的意义

基于带教辅导计划、跟进工作均建议以岗位带教手册为蓝本制定和进行的，于是有的带教导师提出这样的疑问："辅导计划和跟进计划为什么都要依据岗位带教手册来制订呢？这样不合理啊！每个徒弟原有的经验和接受程度都不一样，难道不应该因人而异？毕竟带教辅导想要的结果是真正能带出好徒弟，让徒弟真正掌握岗位技能，而不是在手册上走个过场，至于徒弟学到没学到另说。那样有什么意义呢？"

●【场景问题解析】

带教辅导计划虽可因人而异，但必须以能完成手册所要求的教学目标为前提。如果某位被辅导者经过考核，在某个模块或单元的知识技能达标，那这部分内容他是不需要学习的。相反，如果某位被辅导者在某些方面特别欠缺，需要加时辅导或补充知识技能，则需要基于考核结果来考虑进行哪些方面的内容学习。因此，依据岗位带教辅导手册制订带教计划、实施带教是一个基本原则。举个例子，在小学教育中，每个家长都觉得自己的孩子与众不同，那是不是教材、教学大纲都要根据每个孩子的不同来制定呢？显然不是。同时，公司也需要基于业务发展和人才发展的需求，定期迭代带教辅导手册，作为导师带教辅导时的重要参照和依据。

进度反馈及公布机制

如果在跟进各个导师带教辅导的进度后，能通过某些渠道、以合适的方式和一定的频次把结果反馈或公布给利益相关方的话，将对后续的带教辅导进度起到促进和推动作用，甚至可以在一定范围内形成"你追我赶"的良性竞争氛围，同时也让进度跟进工作形成闭环。因此，这一步是个必选项。

在每轮的带教辅导进度结果收集完成后，由项目小组进行统计和分析，一般来说，会得出以下数据和结论。

✓ 每位导师的完成情况。通常有 3 个结论：赶超计划完成、按计划完成和未能按计划完成。有些企业使用"红黄绿灯"的方式分别表示未完成、按计划完成、赶超计划完成 3 种状态，对每位导师的带教辅导完成结果进行可视化呈现。

✓ 每个部门或事业部的完成情况。可根据部门或事业部内赶超/按照计划完成带教辅导的导师数量占项目内所有导师数量的比例来计算完成率，并根据完成率得出各部门/事业部的排名。

✓ 整个组织的完成情况。可根据所有赶超/按照计划完成带教辅导的导师数量占项目内所有导师数量的比例来计算整体完成率。

得出以上数据和结论后，需要采取合适的方式反馈和公布这些信息。这里所提到的合适的方式，需要根据企业的特点、项目的范围来决定。常见的方式有以下几种。

✓ 单独反馈。由项目跟进负责人把每位导师的完成情况、评语和待改善的内容等逐一反馈给各位导师，让导师清楚地了解自己的状况，知道自己后续的努力方向。

✓ 限定范围内公布。在各部门或事业部内公布，除了公布部门/事业部的完成率、排名情况，还可以"红黄绿灯"的方式公布各位导师的完成情况，一方面让业务负责人了解现状，也承担起鞭策、监督和鼓励的作用；另一方面让导师看到自己与其他导师的差距，激发他们"我要继续努力""我要做得更好""我要改变"的动力。

✓ 集体公布。在整个组织范围内公布整体完成率、各部门/事业部的排名，同时可以借此机会发布项目阶段性成果、优秀师徒的事例，既可以宣导项目价值，也可以树立标杆，培养导师文化。

以上公布或反馈的频率可与跟进频率同步，或者采取单独反馈，不同范围的公布频率可稍低于单独反馈频率的方式。

● 【场景 16】跟进工作犹如"润物细无声"

在带教辅导过程中，一定需要这样跟进吗？

● 【场景问题解析】

看到这里，可能有些人才发展工作者心里开始犯难，感觉要做到如此细致的、基于每对师徒的带教辅导进度的跟进、结果反馈和公布实属不易。在实行导师制的企业中，特别是在传统的"传帮带"氛围浓烈的企业中，大半部分导师制项目管理都处于初级阶段，项目整体呈现粗放的管理状态，有的甚至没有管理可言。但如果因为项目小组人手不足或受限于其他原因，需要在众多的导师制项目活动和带教辅导跟进之间进行取舍的话，笔者会选择后者。因为带教辅导跟进工作在整个项目周期内，能起到春雨一般的"润物细无声"作用，无声、低调、高频地促进和推动导师实施带教辅导，被辅导者按照计划完成学习任务。当然，在进度跟进过程中，要做到让师徒，特别是让导师如沐春风，项目跟进负责人需要具备一定的技巧，而非一味生硬地催促。项目跟进负责人可通过自学、互相分享等方式学习和掌握关于如何赢得信任、如何建立关系、如何共情、如何协调资源等技巧，让自身的跟进工作变得更加轻松和高效。

8.2　提供支持

在长达数月甚至超过一年的师徒关系建立、带教辅导的过程中，除了带教辅导进度的跟进，还要在师徒有需要时，实时为他们提供所需的支持。因为在此期间，无论是导师还是被辅导者，或多或少都会有一些疑惑或问题，举例如下。

导师的疑惑和问题：

✓ 项目要求我与徒弟进行一次正式的会面，我要跟他谈什么呢？在话题方面，公司有什么要求呢？

✓ 我应该如何跟比我小 10 岁的徒弟沟通？

✓ 感觉徒弟最近的学习动力不足，怎么办？

✓ 公司下发的带教辅导手册好厚啊！不知道该从何用起。

✓ 上个月我太忙了，没能完成辅导计划，有什么办法让我赶上计划呢？

✓ 项目经常要求提交各种记录，实在太烦琐了！

　　……

被辅导者的疑惑和问题：

✓ 感觉师父很严肃，我应该如何消除与他的陌生感？怎样做才能跟他熟络
  起来呢？

✓ 师父和我会有什么共同的兴趣爱好，可以谈哪些共同话题呢？

✓ 这些工作和学习内容好像都不是太有趣/跟我的期望相差好远啊！

✓ 怎么学才能让我更快地达到学习目标，更快地独立上岗呢？

✓ 师父这么忙，我该在什么时候、用什么方法向他寻求帮助呢？

✓ 项目经常要求我做学习进度、学习心得的汇报，应该如何呈现呢？

  ……

以上诸多问题和疑问，如果不能得到及时的回应、疏导和解决，无论是导师还是被辅导者，都容易在带教辅导或学习上、在彼此关系的建立上泄气。师徒一旦泄气，就容易对项目产生抱怨、不愉快等情绪，对项目甚至对自己失去信心。这些情况一旦出现，对项目的继续推进是非常不利的。因此，在项目设计阶段，就要制定可以保证提供支持的相关机制，并在项目步入正轨后，时刻注意执行到位，以避免以上这些情况的出现。

在项目中，除了前面提到的赋能师徒，还包括以下几项内容。

提供师徒所需的项目信息和材料

关于导师制项目的信息和材料，对项目小组来说是极易获取的资料，但企业内部的信息不对称情况经常发生，很多时候在师徒开展带教辅导工作或其他项目组所要求的工作时，他们会因为没能及时获取相关的项目信息而造成工作延后，甚至无法完成，这种情况对各方工作的效果和效率都会造成伤害和损失。因此，让师徒知道如何获取项目信息和材料，并能随时随地、方便高效地获取这些项目信息和材料，是对师徒带教辅导工作的莫大支持。

一般而言，项目信息和材料包含以下3部分。

➤ 第一部分：项目信息

✓ 项目目标声明，旨在告知师徒项目的目标、价值及衡量项目成功的标

准，让他们能以终为始地规划带教辅导工作和学习进度。

✓ 项目内容，诸如项目计划表、里程碑及相关安排等，让师徒清楚整个项目是如何安排的，即在哪些时间节点做哪些事情等，确保师徒了解并熟悉项目的流程。

✓ 导师与被辅导者的职责及带教辅导过程中要做的事情，如要求导师安排与被辅导者的第一次正式会面、师徒提交共同制订的带教辅导计划的要求和时间节点、每次完成带教辅导要提交记录和跟进表的要求和时间节点、被辅导者要定期提交的学习小结要求等，目的是让师徒知道项目对他们的期望，以及他们在项目中应该完成的任务。

✓ 项目小组成员的职责和联系方式。这些一般是被项目小组忽略、不会主动传播的信息。项目小组成员通常会理所当然地认为师徒都能比较容易找到他们；但对师徒，特别是对刚加入企业的被辅导者来说，通常不那么容易分辨不同小组成员的分工，并且当师徒提问或求助的时候，也没有那么便捷地与项目小组成员取得联系。如果能把各项目小组成员的分工、联系方式等资料汇总在一份文件中，甚至印刷成一张精美的小卡片或直接印刷在带教手册中，让师徒随时了解这些信息，就能让师徒随时联系他们。

➠ 第二部分：带教辅导内容

现在，越来越多的企业在导师制项目开展之初就组织相关业务专家把某人群、某岗位的带教辅导内容开发出来，并整理成册，下发给相应的导师使用。对于那些没能拿到具体的带教辅导内容的导师，需要对他们就带教辅导内容的开发进行指导和赋能，让他们清楚地知道应该如何规划带教辅导内容。如果企业因为某些实际情况没能提供以上带教辅导内容相关的支持，那么，项目小组至少要给导师提供带教辅导内容开发和规划相关的工具，如一些表单、指引和样例，告知他们应该如何完成带教辅导内容的规划和编写。

➠ 第三部分：带教辅导工具

带教辅导工具即在带教辅导过程中所需要的工具、表单和模板。建议把导师材料和被辅导者材料分别打包成一个电子工具包发放给师徒，同时建议把这两个工具包存放在企业内部公共盘的一个文件夹中，并公布文件夹路径，便于师徒查阅。

其中，导师材料工具包中可包括但不限于以下内容。

✓ 与带教辅导内容开发和规划相关的模板及填写指引、样例（如需要）。

✓ 带教辅导计划/个人发展计划模板及填写指引、样例。

✓ 为与徒弟第一次正式会面所准备的谈话主题及建议。

✓ 带教辅导过程中所需要的系列表单，包括：

• 次带教辅导前用的检查清单。

• 每次带教辅导记录模板、填写指引及样例。

• 带教辅导小结模板、填写指引及样例。

• 带教辅导跟进模板、填写指引及样例。

• 带教辅导考核模板、填写指引及样例。

• 带教辅导期末考评表模板、填写指引及样例。

被辅导者材料工具包中可包括但不限于以下内容。

✓ 为与导师第一次正式会面所准备的谈话主题及建议。

✓ 每次参与带教辅导前用的检查清单。

✓ 学习小结模板、填写指引及样例。

✓ 带教辅导期末学习总结模板、填写指引及样例。

✓ 带教辅导期末对导师的评估表及填写指引。

提供与项目相关的疑问解答

本节提及的各种问题，在项目过程中会经常遇到。除了为师徒提供纸质或电子版本的项目材料，项目小组还需要思考以何种方式、在何时就这些疑问为师徒提供解答。

在某些企业，项目小组会为导师制项目设置专用的邮箱账号，并把该账号印刷或编辑在项目材料中，供项目的利益相关方随时通过邮件发送疑问，并安排项目小组成员专人解答。在另一些企业，通常由负责带教辅导进度跟进的项目成员答疑，在项目开始或跟进过程中向师徒强调"有问题、有需要可以随时联系某位项目成员"。这两种方式优缺点不一，前者相对高效，但稍欠人情味；后者更具人文关怀并更灵活，但对项目成员的时间管理和耐心提出了更大的挑战。前者更适用于大型企业，后者更适合在规模较小的企业使用。企业可根据自身的文化和项目小组的人力配备做出选择，或者将两者结合使用。

　　除了对师徒提出的问题给予及时的解答，还建议项目小组定期把师徒关注的、共性的问题做成 FQA（常见问题解答）进行发布。而对于那些没有标准答案的或较为复杂的问题，则建议组织相关人员一起研讨，并把研讨的流程、达成的共识及给出的建议播报出来，这样既可以让大家了解情况，一起学习，也可以把这种研讨当作项目过程中的一次活动或赋能，持续保持项目在企业中的热度。

提供师徒所需的情感支持

　　要让师徒对项目保有热情，对项目持续投入，就要向他们提供所需的情感支持。经验表明，良好的师徒支持系统可以帮助有疑惑或处在困境中的师徒快速摆脱束缚，帮助他们尽快从不良感受中走出来。

　　本书第 4 章提及的导师社群、徒弟社群、导师与徒弟社群就是构建师徒支持系统的良好方式。因此，构建师徒支持系统与整个项目活动的设计密不可分，项目活动是明线，支持系统是暗线，两者相互穿插，彼此支撑，共同为导师制项目的实施推波助澜。那如何在项目活动中实现导师之间、徒弟之间、导师与徒弟之间的相互支持呢？这就需要在设计每个具体的活动流程时，刻意营造一些氛围，加入一些让师徒打开心扉、袒露心声的环节。例如，多让活动参与者分享不同层面的困难和挑战，包括带教辅导方面、师徒关系和信任建立方面、时间管理方面、职业发展指导方面等，在引导大家分享和共情的基础上，让大家得到安慰和安全感，并找到适合自己的解决方案。

　　除了在项目范围内的师徒中建立支持系统，还可以多动用师徒身边的人群，如导师的上级领导、同级亲密同事、得力下级，被辅导者的直属上级（此上级非项目中的导师）、部门内外合作紧密的同事等，对师徒给予情感上的支持。另外，公司内部的其他导师资源，即在导师库中但未参加此项目的导师，他们大多在其他项目中担任过导师，有导师经验，通常也能明白导师遇到的困境，理解导师的心路历程。如果能请这些导师主动去关心项目中的导师，或者邀请他们为项目中的导师进行相关主题的分享和答疑，将能大大鼓励项目中的导师。

　　跟进及提供支持是导师制项目中最需要花时间、最不起眼，却十分关键、不可缺少的环节，需要项目小组更加重视、持续关注。唯有夯实跟进及提供支持这一环节，才能确保项目的实质性进展；唯有对项目进行持之以恒、细水长流式的跟进及提供支持，才能确保项目达成当初设定的目标。

本章关键点

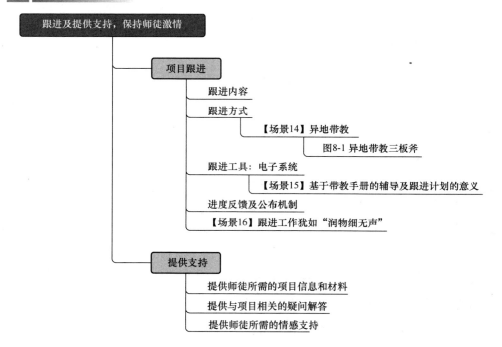

9 第 9 章 让我们做得更好，评估并持续改善导师制项目

在导师制项目接近尾声时，需要对项目的设计和实施、项目中师徒的表现及项目的整体成果进行评估。这样做一方面可以为未来同类型项目的持续改善提供依据和指引，另一方面也有依据对项目中表现优秀的师徒进行嘉奖，并借此机会让导师带教辅导文化在企业中进一步植根。

9.1 评估项目成果和过程

对项目成果进行评估，目的是确定项目最终是否达到了当初的期望和目标，这是项目发起人最关心的事情。项目发起人通常是企业中的高管，他们关心的是项目是否满足了企业的关键人才需求，满足的这些人才需求是否解决了企业人才的真正问题，人才在数量和质量上的供应是否能够支撑业务发展和推动战略落地。因此，对项目成果进行评估是一个必选项，因为它是对项目发起人的一个必要交代，也可以为未来启动新项目、申请人才发展方面的预算提供合理的理由。

对项目过程进行评估，目的是找到项目中各个环节的亮点和不足，一方面是对项目小组的工作进行总结和回顾；另一方面项目过程评估的内容可以成为未来同类型项目设计和实施的重要借鉴，帮助新项目扬长补短，确保培养工作的效率和效果持续提升。

如果在项目设计阶段就为项目确定了价值证据链和项目目标声明，且在项目执行过程中持续地基于价值证据链中设定的各项指标收集相关的数据和事例，那么在项目即将结束的环节，对项目的整体成果和全过程进行评估就会相当轻松。否则，评估工作就容易陷入无的放矢的状态，为了评估而评估，评估的结果对后续工作的改善和业务的推动难以产生正面影响。

项目成果评估

对项目成果的评估，就是根据柯氏四级评估模型中的相关指标，即业务结果和相关的领先指标进行评估。以本书第 2 章中以培养新进入企业的销售代表为目的的导师制项目的价值证据链为例，对该项目成果的评估就是确认以下业务结果和领先指标是否达成（见图 9-1）。

柯氏维度	评估内容		成功标准
第四级： 业务结果	4-1	期望的业务结果	4-1-1　企业当年整体销售额同比增长12% 4-1-2　企业当年息税前利润额同比增长8%
	4-2	领先指标（过程衡量指标）	4-2-1　与开展项目之前一个月的数据相比，项目结束之后一个月的新销售代表离职率下降50%以上 4-2-2　缩短新销售代表的培训周期（从独立挖掘和跟进客户需求到签约成功，时间缩短30%），使新销售代表能力得到快速提升，加快适应和胜任销售岗位的速度 4-2-3　CRM信息完整度提升10%，准确率提升10%

图 9-1　某导师制项目的价值证据链之第四级内容样例

在大部分企业中，类似销售额、利润额、人员离职率等指标的达成数据比较容易从财务部和人力资源部获取，因为这些数据一般会作为企业经营和人力资源管理的必需数据，持续被监控和分析。而类似图 9-1 中的 4-2-2、4-2-3 指标，若不属于企业日常统计的数据，则需要在项目开始前先进行一轮现状摸底，确定相关指标的期初数据。在项目实施过程中，建议对此类数据持续关注，还可以根据数据的变化趋势来找到项目执行的改善点，而非直到项目结束时才"一数定终身"。

若企业中的导师制项目还未明确成功标准就匆匆开始了，如何进行成果评估呢？那只能"事后诸葛亮"了，即在项目实施过程中，或者在项目结束时，意识到需要对照一个明确的目标对项目进行评估，进行项目目标的重新设定。无论如何，重设目标总比没有目标要强。那具体怎么操作呢？建议组织项目小组成员一起参加研讨，共同思考这个问题："基于项目的初心/目的，哪些指标可以衡量项目的成功？"这时，项目经理可带领参与者共同围绕柯氏四级评估模型，使用团队列名法，让大家把各自的想法写下来，然后收集、公布、讨论、投票，接着跟大家确认："这些目标实现了，目的能够达成吗？"最后达成共识。

项目过程评估

相对于项目成果评估，项目过程评估的内涵更加丰富。可以从两个方面着手对项目过程进行评估，一个方面是项目价值证据链的柯氏三级、二级和一级指标；另一个方面是参照嵌入结构化在岗培训的导师制 AD^{5}SE 模型的各个步骤，对项目的执行过程进行复盘。

➡ 基于项目价值证据链的过程评估

仍以本书第 2 章中以培养新进入企业的销售代表为目的的导师制项目的价值证据链为例，对项目过程的评估就是要确认以下行为改变、学习和学员反应 3 个层级的目标是否达成（见图 9-2）。

柯氏维度	评估内容		成功标准
第三级：行为改变	4-3 关键行为		4-3-1　销售代表每次拜访前按要求准备资料和拜访术，着装符合公司要求，并按公司要求提前10分钟到达
			4-3-2　销售代表在拜访过程中能运用询问六步法进行询问，挖掘客户需求
			4-3-3　销售代表在拜访当天完成CRM系统数据的完整录入
			4-3-4　……
	4-4 必需的驱动手段		4-4-1　监控办法：各模块带教辅导考核表准时提交；每周使用亮灯形式公布带教辅导进度
			4-4-2　强化措施：针对每位新员工定制带教辅导计划；销售代表的带教考核结果与试用期转正考核挂钩
			4-4-3　激励机制：按绩效付薪、"优秀带教导师"评比活动
第二级：学习	4-5 学习目标		4-5-1　带教导师能够了解带教职责，明白带教的重要性、掌握《销售代表带教手册》各模块的开发技术，使用《销售代表带教手册》、运用带教辅导六步法对新员工实施在岗带教
			4-5-2　新员工通过导师的带教，能掌握销售代表岗位的应知应会，100%的新销售代表能通过知识技能测试
第一级：学员反应	4-6 学员反应		4-6-1　学习参与度：导师带领新员工100%完成《销售代表带教手册》中各模块内容的学习
			4-6-2　相关性：基于销售代表工作任务开发《销售代表带教手册》，下发给每位导师，并对导师使用手册进行培训
			4-6-3　客户满意度：导师和新员工对导师制项目的满意度大于90%

图 9-2　某导师制项目的价值证据链之第三～一级内容样例

下面具体看看每级指标的评估方式。

✓ 第三级：行为改变。对这个层级指标达成情况的评估，堪称培训评估中的难题。这里的"难"是指被辅导者相关行为数据的收集量较大，收集过程比较烦琐，以及数据的真实性难以确认。例如，"4-3-2 销售代表在拜访过程中能运用询问六步法进行询问，挖掘客户需求"这一指标的相关数据包括新的销售代表在拜访过程中是否有应用"询问六步法"，若有，他是如果提问的，结果如何，挖掘了客户哪些层次的需求，对促进商机的帮助有多大。这些内容可通过开展对客户、导师、被辅导者本人的问卷调研获得，也可通过访谈、随同拜访等方式获得。但当决定使用某种方法收据信息时，需要考虑要收集的信息所涉及的范围、人数，还要考虑调研问卷、访谈大纲设计的信度和效度，以及如何采取有效措施确保信息的可信度等。因此，与行为改变相关的信息收集是比较难的一步，需要规划好科学的方法，配备足够数量和胜任的专业人员，预估相对充足的时间进行组织和实施。

在第三级评估中，除了要评估行为改变相关指标，还要评估必要的驱动手段相关指标。这些指标大多与项目的机制、项目执行过程中的跟进工作相关，只要项目设计和跟进做到位，指标相关的数据收集和统计难度都不会太大。但如果项目过程中带教辅导的跟进不到位，就会大大增加此部分内容的难度和复杂度，甚至造成因信息收集不全而无法评估、没有结论的情况。

✓ 第二级：学习。这个层级的指标大多与学习目标相关，正如图9-2所示，4-5-1是关于带教导师参与带教内容开发工作坊和带教辅导技巧赋能培训的学习目标，4-5-2是关于新员工经过整个项目周期的导师带教辅导后的学习目标。关于这些指标的数据收集，一般以训后课程评估问卷、学员对项目的评估问卷等方式收集。这是培训界比较常见的评估方式，操作难度不大。

✓ 第一级：学员反应。此类指标的完成情况与项目执行内容、带教辅导进度跟进及项目后的满意度调研强相关，相关数据的收集也比较简单。需要关注的是，如何能让项目参与者真实地、坦白地反馈对项目的感受。可能需要在问卷中给出相关的说明，同时建议把问卷反馈的信息与负责带教辅导进度跟进的项目小组成员的反馈信息做相互校验，确保信息的真实性。

◆➤ **基于嵌入结构化在岗培训的导师制 AD⁵SE 模型的过程评估**

基于整个项目执行过程的复盘，是真正意义上的过程评估。无论导师制项目是否基于 AD⁵SE 模型设计，都可以用该模型进行复盘和过程评估，因为这是一个全面而系统的导师制项目执行流程，是有效的参照（见图 9-3）。

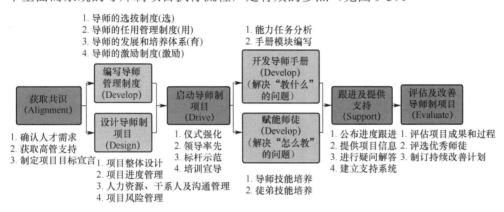

图 9-3   嵌入结构化在岗培训的导师制项目 AD⁵SE 模型（细化版）

从项目设计阶段的获取共识，到项目准备阶段的 5D（编写导师管理制度、设计导师制项目、启动导师制项目、开发导师手册、赋能师徒），再到项目进入实质性进展阶段的跟进及提供支持，最后到项目结束阶段的评估及持续改善，整个流程形成了一个"计划—实施—检查—行动"（PDCA）循环。因此，项目小组可依据以上细化的 AD⁵SE 模型，一步步回顾在项目执行过程中哪些步骤已执行到位，哪些步骤还有提升空间。项目经理甚至还可以把这 8 个步骤、26 个要素及相应的标准制作成一张评分表，组织项目成员各自打分并写下打分原因，找到得高分最多的要素，确认它们是否能成为项目执行过程中的亮点；找到得低分最多的要素，看看它们是否可作为未来同类型项目重点待改善的内容。

9.2   评选优秀师徒

在项目进入尾声时，除了项目小组成员在内部就项目的成果、过程进行复盘，还需要重视一项涉及范围更大的评估，那就是评选优秀师徒，并基于评选结果和师徒带教辅导执行的成果来向导师计发现金报酬和奖励。

评选优秀师徒是导师制项目中画龙点睛的一笔。评选优秀的师徒，可以在企业内传达重视人才培养，注重嘉奖在人才培养、自身能力提升等方面有杰出贡献和突出表现的员工的文化。同时，评选优秀师徒还是寻找、确认、树立优秀导师和被辅导者的标杆，并把他们的优秀事例进行宣导，让大家一起学习的过程，为导师文化的培育和推广添砖加瓦。

评选优秀导师

企业在评选优秀导师时，使用的评价标准、评价源会基于项目不同的需求而有不同的考虑和取向。

➡ 评价标准

对导师的评价标准可参照以下 3 个方面。

- ✓ 基于导师的职责，评价导师是否履行了职责。因为带教辅导是导师最基本的职责，因此带教辅导计划的完成率是评选优秀导师的一个基础项和必选项。除了这个必选项，基于职责的评比标准还可以包括企业对导师所要履行的行为要求，如每周一次正式会面的完成率、每月一次评估的完成质量等。如果企业使用积分管理的形式对导师的行为进行计分，并把每位导师所获得的积分进行记录和实时公布，那么积分值就是对导师是否履行了职责、在项目过程中是否按要求做好、是否积极投入的一个最直观、简单、准确的评价。

- ✓ 基于带教辅导结果，评价导师在项目中的成果。带教辅导的过程结果是被辅导者不同学习主题或不同考核形式的成绩加权分数；最终结果是指被辅导者试用期是否通过、是否离职、是否能在约定的时间内独立上岗、是否能晋升到更高级别的岗位等。

- ✓ 基于导师能力模型，评价导师的能力水平。若企业内为导师建立了能力模型，那么基于能力模型的行为要求就能成为对导师的评价标准。例如，导师在带教业务技能时，是否有遵循"我说你听—我做你看—你说我听—你做我看"的流程来开展；导师在回答被辅导者提出的问题时，是否做到了"通过提问帮助徒弟找到问题的根本原因，并基于根本原因启发徒弟找到解决方案"等，这些行为要求都能成为评价导师能力水平的清晰标准。

➤ 评价源

基于不同的评价标准，需要选择不同的评价者进行评价。在对导师的评价中，企业最常用的评价源来自导师的上级、被辅导者、负责带教辅导进度跟进的项目成员。如果师徒所在的工作岗位需要频繁地进行跨部门协作、外部协作，建议考虑把内外部的协作者纳入评价源，因为评价视角越全面，评价结果就越客观。但需要提醒的是，这些内外部的协作者在评价前，应先了解项目的背景、目的和评价的工具及相关的评价要求，最好由项目小组组织一次宣导会议，否则他们的评价结果可能会有一些偏差。

另外，需要为各个评价源设定合理的权重。一般而言，越有可能了解被评价者更多情况的评价源，其评分的权重应越大。在大多数情况下，徒弟对导师的职责履行情况、能力模型要求的相关行为是最了解的。如果能帮助被辅导者消除对评价导师的一些顾虑，帮助他们真实地评价导师，那他们的评分无疑可以占较大的权重。

在评选优秀导师时，某些企业会考虑不同导师的带教辅导难度，如被辅导者的数量、带教辅导内容的掌握难度等，设定不同的难度系数。基于设定的难度系数，可以对导师的评价分数进行最终调整。基于最终分数，选定分数靠前的导师作为优秀导师。

评选优秀徒弟

跟优秀导师评选相比，对被辅导者的评价相对简单。对被辅导者最直接的评估内容有两个层面。

- ✓ 在学习过程中，被辅导者是否能达到带教辅导计划中设定的学习目标，即考试成绩、实操成绩、任务历练成绩等是否达标。
- ✓ 学习结束后，被辅导者是否能在项目周期内完成或超额完成岗位设定的 KPI。

如果在评选优秀导师时，已经有了导师带教辅导结果这个维度的评估结果，就可以参照相关数据来确定评分靠前的优秀被辅导者。

为什么不建议把被辅导者的态度、与行为相关的过程因素纳入优秀徒弟评选的考虑范围呢？因为相对于导师而言，徒弟对自身学习和工作结果的影响更纯粹，即被辅导者对达成"学得好+做得好"这个结果的干扰因素会更少。而对导师来说，带教辅导过程做得好，如导师职责履行到位，导师的正向行为有保障，带教辅导结果（被辅导者的成材率）就相对会好；但被辅导者是否能成材，除了依赖导师的带教辅导，还受其他相关因素的影响，如被辅导者的在职意愿、职业发展方向等，这些因素都会对最终的带教辅导结果产生重大影响。

评选默契师徒

在某些企业，会进行默契师徒评选，即评选一对或几对师徒，旨在表彰优秀的师徒关系。正如笔者在前文提到的，师徒关系是带教辅导的基石。师徒之间若能建立有安全感的、良性沟通的关系，带教辅导的结果一般都不会太差。且师徒关系能对双方，特别是对被对辅导者的职业成长，甚至是个人成长产生深刻的影响。历史上好导师对徒弟产生正面而长远影响的例子比比皆是，诸如长桑君和扁鹊、计然与范蠡、聂卫平与常昊。因此，评选出来的优秀师徒关系，将是企业中其他师徒学习的好榜样。

优秀师徒关系评选的标准相对"软性"，不能纯粹用被辅导者的学习成绩和岗位达标情况来决定，也不能光看导师是否履行了职责或符合能力模型的行为要求。一个比较合适的方法是让师徒自荐或熟悉师徒的其他人推荐，自荐或推荐的条件是提供师徒之间互动的行为事例，这些事例要求具体，且能够充分地呈现师徒之间的信任、默契或教学相长。在评选过程中所收集的行为事例可以被制作成宣传册、视频，甚至放在相关文化课程中进行宣导，成为企业树立师徒好榜样的重要素材。

表彰优秀师徒

对评选出来的优秀导师、优秀徒弟和默契师徒进行隆重的表彰，既是评优工作的一个闭环，更是把项目推向尾声的一个完美标志。同时，还可借着表彰的机会，树立优秀标杆，传扬优秀事迹，促进导师文化。表彰优秀师徒最合适的场景是导师制项目的结业典礼。结业典礼的流程包括项目回顾、分享项目成果、优秀师徒颁奖。在颁奖环节，建议邀请项目发起人、业务高管等给获奖师徒颁奖，同时请获奖师徒分享获奖感言。在很多企业，为了控制结业典礼的时长，只预留很短的时间（如 30～60 秒）让获奖师徒分享获奖感言。但从传扬优秀事迹的角度来说，建议好好利用这种场合，让获奖师徒多分享他们在带教辅导过程中遇到的困难和挑战、得到的成长与收获。为了让这部分内容更加出彩，甚至可以设计一些更生动的形式，如采访、角色扮演等，让参与者更形象地了解和感知优秀师徒的事迹。

另外，有些企业还专门为优秀导师设计了"导师墙"，以表彰他们在企业人才培养领域的贡献。项目小组会邀请专业摄影机构到企业为导师们拍摄职业照，并把制作精美的导师职业照裱在墙上，让更多员工认识他们、尊重他们，以对优秀导师进行表彰。

9.3　制订持续改善计划

对项目成果和过程进行评估、对师徒进行评优，除了以上提到的好处，还有一个重要的目的，那就是为找到改善空间，为未来同类型项目有更好的效果做好铺垫。

项目变更管理

正如本章 9.1 节所述，无论是基于柯氏四级评估模型中的第三～一级指标的评估，还是基于 AD^5SE 模型来评估项目的实施过程，都可以从中找到相关的改善点，在每个改善点中深挖其未达到期望的根本原因，从根本原因中找到未来的改善行动，从而形成项目的持续改善计划。

需要提醒的是，在项目过程中要做好变更管理，这是项目持续改善的一个基石。项目变更管理是为适应项目执行过程中的各种变化，为保证项目目标的实现而对项目进行变更，并按变更后的要求实施的过程。在导师制项目中，除了因为业务方向变化等原因导致项目提前结束，比较常见的变更表现在以下两个方面。

- ✓ 人员变动。导师、被辅导者或项目小组成员因为一些个人或工作原因而需要提前退出项目，从而导致师徒关系、带教辅导进度跟进人的改变，即更换导师/徒弟/项目跟进人。
- ✓ 带教辅导内容变更。在项目过程中，被辅导者可能因为岗位内容或岗位所处的行业、外部客户、法律法规等发生了较大的变化，导致其需要学习的内容也发生了相应的变化。

在项目执行过程中，任何与变动相关的信息都是后期复盘、改进的参考信息，都需要使用专用的文档详细记录下来，以便查阅和跟踪。在某些公司，如果某些关键岗位的带教辅导内容被列入质量管理体系，那么这些内容的变更也会被纳入此体系中进行管理和监控。这样的做法能提升项目管理的严谨性，也为带教辅导内容的标准化和一致性提供了保障。

导师自我评估

除了项目小组保有持续提升的精神，对项目进行复盘和迭代，如果能引领导师对自己在项目中的表现和收获做自我评估，并基于自己的带教辅导水平制订持续提升的计划，那么对企业整体的导师水平提升及对未来同类型项目的开展，都有非常大的益处。

其实，导师自我评估的开展，不一定到项目结束时才进行。在项目过程中也可鼓励导师自觉开展此类自我评估。例如，项目小组可鼓励导师经常检测自己带教辅导的有效性，因为有检测才有反省，有反省才有提高；鼓励导师不要避讳自己的不足之处，主动寻找提升空间。

导师进行自我评估的一个比较简便的方式，是让他们多问自己、上级、被辅导者、同事和外部合作伙伴（如客户、供应商等）关于自己带教辅导方面的反馈和建议，即进行 360°评估，多方收集信息，找到长处，挖掘短板，促进自我成长。

问自己的问题包括：

✓ 我是否明确且没有歧义地向徒弟传递了业务或操作应该达到的结果？

✓ 我是否清楚地说明了操作的步骤、要点和标准？

✓ 我是否不带主观评判地倾听了徒弟内心的诉求？

✓ 我是否通过提问帮助徒弟找到了问题的根本原因和解决方案？

✓ 我是否及时地给予了徒弟基于行为的具体反馈？

……

问上级、同事和外部合作伙伴的问题包括：

✓ 你觉得我说的事情传达到位了吗？

✓ 你觉得这样的效果会好吗？

✓ 你觉得他有什么变化吗？

✓ 你觉得他对带教辅导是否有积极的态度了？

✓ 请告诉我在带徒弟方面我需要改进的地方。

……

问被辅导者的问题包括：

✓ 你对我讲的哪些话印象最深刻？

✓ 你觉得我做的哪些事情对你最有帮助？

✓ 和我沟通后，你是否做过和之前有所不同的事情？

✓ 我的带教辅导对你哪些方面有帮助？

……

　　除了鼓励导师在日常带教辅导中经常进行 360°评估，项目小组还可以在项目的执行过程中就以上问题开发调研问卷，发放给导师本人、被辅导者和与导师有密切工作关系的人填写，并把收集的信息进行统计、分析，共享给导师，让导师看到他人评价的同时，也认识到自我评价与他人评价的差异，思考个中原因，制订取长补短的个人发展计划，有目的地提升自己的能力水平。

　　需要注意的是，此类型的评估并不建议列入评选优秀导师的参照内容中，因为此类型的评估是在项目中进行的，主要聚焦在帮助导师持续提升能力上，而非为了项目结束的评优，因此不应把这两类评估混为一谈。

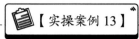

【实操案例 13】

某医学院开展嵌入结构化在岗培训的导师制项目并持续改进

医学院有着悠久的师带徒传统。但在近百年的师带徒教学体系中，存在很多导师管理、教学跟踪等问题。而企业导师制在工业革命、商业改革、市场巨变的推动下，其发展速度和培养水平已经大大赶超了医学院校传统的师带徒。G 医学院是华东地区某省一所省直属普通高等学校。5 年前，该校继续教育学院对影像医学专业在职研究生的半年实/见习期中开展了嵌入结构化在岗培训的导师制试点项目。该项目在一届又一届的在职研究生实/见习期中得以改进、优化。尤其是在导师的管理制度上，从传统的单技能导师到与结业辅导导师相结合的："双导师"，该继续教育学院在 5 年间先后修订了两版《"双导师"遴选及管理办法》，为影像医学专业在职研究生在实/见习期间掌握技术及回到原岗位的工作实践起到了更优的培养效果。另外，在跟进和支持工作上，彻底克服了"只管教不管学习过程，只管考不管掌握程度，只管发证不管实践应用"的传统培养方式的弊端。如今，该继续教育学院尝到了现代企业导师制与医学院校培养相结合的甜头，逐步在其他专业的实/见习期开展嵌入结构化在岗培训的导师制项目。

本章关键点

让我们做得更好，评估并持续改善导师制项目

- 评估项目成果和过程
  - 项目成果评估
    - 图9-1某导师制项目的价值证据链之第四级内容样例
  - 项目过程评估
    - 基于项目价值证据链的过程评估
      - 图9-2某导师制项目的价值证据链之第三～一级内容样例
    - 基于嵌入结构化在岗培训的导师制AD⁵SE模型的过程评估
      - 图9-3嵌入结构化在岗培训的导师制项目AD⁵SE模型（细化版）
- 评选优秀师徒
  - 评选优秀导师
  - 评选优秀徒弟
  - 评选默契师徒
  - 表彰优秀师徒
- 制订持续改善计划
  - 项目变更管理
  - 导师自我评估
  - 【实操案例13】某医学院开展嵌入结构化在岗培训的导师制项目并持续改进

10 第 10 章　企业导师制最佳实践分享

随着企业里越来越多的人才发展工作者不再满足于使用传统的师带徒模式进行人才培养，也随着他们对嵌入结构化在岗培训的导师制的价值认知感越来越强，近几年，导师制项目在各行各业、各类型的人才培养中都得到了更多的应用。可喜的是，这些项目的结构化程度越来越高，其在人才培养方面的效果也日渐提升。并且在很多企业中，导师制项目已经成为企业长期开展的人才培养项目，是企业重要的人才培养方式。

本章首先分享了 3 个典型行业、典型人才的新员工导师制项目，包括金融企业关键核心岗位的导师制项目、消费品企业疫情下校招生的导师制项目、生产制造企业技能人才的导师制项目。接着，希望借助后面两个案例——中层管理者后备培养项目中的导师赋能和一岗多能导师制项目，给读者带来更多元的人才培养新思路。

10.1　金融企业关键核心岗位的导师制项目

项目背景

某银行是东部某省 3 家首批成功改制的农村商业银行之一。近年来，该银行逐渐发展成为一个业务结构优、资产质量好、盈利能力强、发展潜力大的"小而优"农商银行。

在银行业，综合柜员、理财经理、零售客户经理、小微客户经理等岗位一直是人数占比较大、流动性较强，同时对业务发展起到非常关键的推动作用的一线岗位。随着该银行业务的快速发展，迫切需要提升这 4 个一线关键核心岗位人才培养的效果和效率。由于这些岗位的人才分布在不同省份的分支行，组织集中面授培训成本高、难度大，且鉴于过往使用传统的师带徒方式培养效果不佳，于是总行决定导入以结构化在岗培训为核心的导师制项目，以便对人才进行既灵活又高效的培养。

项目目标

1．开发 4 个一线关键核心岗位的结构化在岗培训手册，成为岗位带教导师辅导新员工的内容依据，实现带教内容结构化。

2．培养 4 个一线关键核心岗位的带教导师，提升带教效果，缩短新人带教周期，实现带教技巧结构化。

项目难点

1．内容开发难度：在本项目中，除了要开发高质量的导师带教辅导内容，成为行内同岗位新员工培养的重要参照，还要开发高质量的考核内容，确保新员工通过考核后才能上岗。

2．组织难度：由于对内容开发要求高，因此需要组织 4 个岗位的业务专家以工作坊的形式进行密集、高效的开发；但这些岗位专家分布在银行各营业网点，均在各行担负重任，需要把他们从岗位上调离几天，对各网点日常的业务运营影响较大。

项目解决方案

1．项目小组与讲师团队经过多次沟通，对项目产出成果所需包含的内容及颗粒度达成了共识。

2．项目小组在内部进行了动员工作，自银行总部分管领导到各分支行、各网点的领导，都做了一轮关于项目说明的沟通，特别明确了项目的价值和所需要的支持。

3．成立了 4 个岗位专家团队，每个团队约 10 人，由两位外部老师带领，每位老师负责 2 个团队，通过三天两晚的工作坊，4 个团队并行完成了 4 个岗位的在岗培训手册及相应的考核题目的开发。

4．组织总行专家对 4 本手册及考核题目进行校验和修正，完稿内容经过总行领导审批后，印刷成册，下发给各岗位的带教导师。

5．分批次组织各岗位的带教导师参与导师辅导技巧赋能培训，掌握在岗培训手册的使用技巧和结构化带教辅导技巧。

项目关键产出成果

在全行内开始实施嵌入结构化在岗培训的导师制，并为此开发了 4 本关键核心岗位的结构化在岗培训手册及其考核内容，同时培养了一批掌握结构化在岗培训辅导技巧的导师。

项目价值

1．让全行的人才培养在质量和效率上更加科学，更加结构化，关键岗位的人才培养方式从过去传统的师带徒发展为结构化的在岗培训。

2．萃取了 4 个关键岗位的优秀实践，形成了 4 本手册，解决了这 4 个关键岗位的新人导师在岗培训"教什么""教到什么程度"的问题。

3．培养了一批导师，在项目过程中提升了他们对导师角色定位的认知，也解决了导师"怎么教"的问题。

10.2　消费品企业疫情下校招生的导师制项目

项目背景

某企业主要从事乳制品的开发、生产和销售，拥有世界一流的乳制品研发中心、乳制品加工设备及先进的乳制品加工工艺，是目前国内规模最大的乳制品生产、销售企业之一。

在过去几年，中国乳制品行业的发展速度很快，产品的销量和价格共同驱动行业发展，该企业的业务呈现高速发展状态的态势。商务推广和市场推广岗位是该企业的一线销售岗位，承担着从渠道开发、管理，到终端门店的沟通协调、推广等重要工作。为支持业务发展和满足用人需求，该企业每年都从校园招聘应届毕业生进行培养发展，期待他们能够胜任商务推广和市场推广两个岗位。

由于销售人员分布在全国各地，新员工在当地市场入职后，该企业的人力资源部会为新员工指定一名导师，一般是新员工的直属上级，对他们进行带教辅导。但长期以来，这种导师带教的实施很难跟进，效果也得不到保障。早在2017—2018 年，该企业的人力资源部就提出要提升新人导师的带教效果，并组织两个岗位的业务专家同步开发了两本带教手册。但由于人力资源部觉得内部时机不太成熟，制作好的两本手册迟迟没有下发，因此手册一直没有被用起来，新人带教效果改善就更加无从谈起了。直到 2020 年，该企业业务发展迅猛，需要从校园招聘一大批毕业生来支撑业务发展，急需通过导师带教辅导来帮助校招生快速成长、独立上岗，因此人力资源部又把此事提上了日程。

项目目标

1．不仅让校招生导师充分认知导师的价值，更让他们珍惜导师这个身份，从而使他们有内驱力进行校招生的带教辅导。

2．帮助校招生导师学会使用两本带教手册，实现带教内容的结构化和标准化。

3．帮助校招生导师掌握带教辅导技巧，实现带教技巧结构化。

4．帮助师徒建立牢固的关系，让导师有能力对徒弟进行答疑解惑。

项目难点

1．新型冠状病毒肺炎疫情暴发，企业担心组织导师进行线下集训有风险；但若纯粹靠线上赋能，又担心培训效果不佳。

2．需要赋能的导师人数较多，接近 200 人。

3．校招生入职后急需分派导师进行带教，赋能导师有时限上的压力。

项目解决方案

1．项目启动前，项目小组制定了明确的导师选拔和激励措施。规定新人导师除要满足基本的条件外，还需竞聘上岗。激励方面，除了发放每月导师补贴，还将职位晋升与导师的带教辅导成果挂钩。

2．设计了新人导师 21 天线上训练营计划，内容包括线上开营、10 课时的带教辅导技巧微课学习（视频）、5 次小微课题补充学习（音频）、2 次直播分享和答疑、8 次作业布置及作业完成情况反馈、线上结营等活动。

3．设计了训练营的积分规则，对导师的学习情况进行实时记录、反馈、计分和公布，并在线上结营活动中颁发优秀导师奖项。

4．项目小组联同外部老师做好线上训练营的运营工作，将 200 名导师分成 4 个训练营并行赋能。每个训练营的 50 名导师分为 5 个小组，目的是让小组内的导师们相互帮扶，同时也形成小组之间的竞争氛围。

项目关键产出成果

1．产出了导师管理制度，为企业中的导师管理提供了方向和指引。

2．实现了线上训练营模式，为企业未来更灵活地进行人才培养积累了实操经验。

3．更新了两个关键岗位的带教手册，并实际应用到校招生的带教辅导中。

项目价值

在企业内第一次大规模地进行校招生导师的选拔和赋能，不仅培育了一批有意识实施结构化在岗培训的导师，还培育了导师辅导文化，开启了结构化带教辅导新人的新篇章。

10.3　生产制造企业技能人才的导师制项目

项目背景

某企业是一家全球领先的衣帽鞋磨具制造商，采用独特的创新设计制造业务模式。该企业以创新为核心理念，努力不懈地研发产品，并在技术层面不断取得突破，为国际知名品牌提供多种独特、创新和优质的产品，包括功能运动类（如服装和鞋履）及消费电子产品类。

近年来，该企业的业务发展迅猛，对各个关键岗位的人才需求均急剧增加。企业在关键岗位上有很多优秀的专业人才，但缺乏经验萃取和传承的方法，新员工无法高效掌握专业技能，新员工的成长速度跟不上企业的发展需求。同时，随着优秀专业人才的流失，导致整体工作质量和工作效率都大大降低。此种情况在纸样师这一技能岗位上表现得尤为明显。了解服装行业的人都知道，纸样师是纯技能型工作岗位，新员工一般需要经过较长时间的实操和历练，在岗位上跟着老师傅不断地学习和积累，才能逐渐掌握该岗位的技能。那么，是否有科学而系统的人才培养方法，高效培养此类技能型人才呢？这是该企业人才发展工作者一直探讨的话题。当他们了解了嵌入结构化在岗培训的导师制模式后，便开始启动导师制项目。

项目目标

1．萃取优秀纸样师的实践经验，形成在企业内可传播、易传播的学习内容，尤其是在新员工培养上，充分发挥这些实践经验的价值。

2．建立纸样师岗位学习地图和课程体系，为岗位人才培养提供方向和依据。

3．根据学习地图和课程体系，开发纸样师岗位结构化在岗带教手册，培养带教导师。

4．根据岗位学习地图和课程体系，开发纸样师岗位面授课程。

项目难点

1．现有纸样师岗位上绩优员工的学历普遍不高，进行经验萃取时，要让他们理解萃取的要求，并把自有的知识、技能和经验进行结构化的表述和呈现，难度较大。

2．虽然技能型人才具备传统的师带徒观念，也有带徒弟的意识，但要让他们转变观念，使用结构化的方式对新员工进行岗位技能的传授和带教，难度较大。

项目解决方案

由于导师带教徒弟的岗位集中在同一个核心岗位，解决方案是进行两天一晚的纸样师岗位工作任务分析、两天纸样师岗位在岗培训手册开发、一天导师辅导技巧培训及两天一晚的面授课程开发，具体操作如下。

1．选择结构化程度较高的工作任务分析方法（DACUM）和有经验的 DACUM 引导师，组织绩优且善于分享的纸样师 10 名，进行该岗位工作内容的详细分析和拆解。

2．使用 DACUM 工作任务分析法对相关信息进行分析、提炼和总结，绘制出纸样师岗位的课程体系和学习地图，并得到业务高管、人力资源部高管的确认。

3．基于 DACUM 工作任务分析的成果，组织参加过 DACUM 研讨会的绩优员工进行结构化在岗培训手册的开发，形成让导师易用、会用的新人带教工具。

4．组织所有岗位的导师参加赋能培训，过程中不仅灌输结构化在岗培训的概念，让他们认识到新的带教辅导方法与传统的师带徒方法的差异，还让他们学会使用手册，掌握结构化带教辅导技能。课后，对导师掌握新方法、使用新方法实施新人带教进行跟进、答疑。

5．对岗位通用的知识和技能，组织同一批绩优员工进行面授课程开发，开发出来的课程用于新员工集训，作为所有新员工所需的通用知识和理论的补充。

项目关键产出成果

1．纸样师岗位工作任务分析结果。

2．纸样师岗位学习地图、课程体系一套。

3．纸样师岗位细化的结构化在岗培训手册两本。

4．掌握结构化在岗培训技巧的导师一批。

5．关于纸样师岗位通用的知识和理论的面授课程数门。

项目价值

作为该企业技能型人才培养的试点，成功导入了结构化在岗培训的导师制模式，从导师意识、导师所需要的工具、导师技能三大层面建立了专业技能复制系统，为关键岗位人才的加速培养提供了可能和保障。

10.4　中层管理者后备培养项目中的导师赋能

　　某企业以新能源产品的研发、设计、生产及销售为主营业务，并致力于为社会提供更多绿色、快速、高效的新能源一体化解决方案。随着市场需求的井喷式增长，企业对人才，特别是技术型管理人才的需求也持续增长。该企业启动以培养为主、引进为辅的混合型人才发展战略，期望汇聚行业顶尖人才，打造高效、卓越的现代化管理团队。

　　该企业于 2021 年启动了中层管理者后备的培养项目。此项目通过资质筛选和综合素质测评，甄选出 60 余名中层管理者后备人才，其中大部分是技术骨干，进入人才库进行培养。培养项目旨在通过四线合一（自主学习线、面授课程线、行动学习线和导师辅导线）来加速培养中层管理者后备人才。该企业期望通过为期 6 个月的培养项目提升后备人才的中层管理岗位预备度。自主学习包括图书阅读和线上录播课程，为中层管理者后备输入管理者所需要掌握的系列管理类知识与理论框架。面授课程则是系列管理知识的核心内容，期望通过课堂上老师的讲授、强化练习和相互反馈来实现关键管理知识点的升华。行动学习是中层管理者后备在培养项目中被分派到与日常工作内容密切相关的、有难度的任务，并相互之间组成项目小组，一起完成任务的过程。导师辅导中的导师是中层管理者后备人才的上级或上级的上级，他们需要在两个层面发力，一是在后备人才的日常管理工作中步步带教、循循诱导；二是在行动学习中给予中层管理者后备及时的指导和支持，并为他们完成关键任务提供资源协调等帮助。

　　因此，中层管理者后备的导师赋能是整个中层管理者后备培养项目的一部分。在这个项目中，为什么导师赋能这一步非常关键呢？由于导师是中层管理者后备的上级或上级的上级，他们在日常工作中与中层管理者后备有很多的交集和互动，在带教辅导中容易陷入日常的工作和事务中，从而忽略了帮助中层管理者后备人才提升管理能力，而这正是培养项目的重要要求。因此，项目小组特别设计了导师赋能环节，期望导师在培训学习中，不仅能强化对导师角色定位的认知，更能学会如何为中层管理者后备制订以管理能力提升为目的的个人发展计划，以及如何辅导中层管理者后备逐步达成个人发展计划设定的目标。

为期一天的导师赋能，重点在于带领导师基于被辅导者的能力测评结果和对他们的日常观察，明确他们待发展的能力（设定发展目标），基于发展目标制订发展行动计划，并学习和掌握如何通过倾听、提问、反馈等教练技术来深化与被辅导者的沟通，引导他们进行自我能力提升的思考，推进他们的能力提升。

导师经过赋能后，在整个培养项目中都能积极主动地承担其角色身份所赋予的职责，有效帮助中层管理者后备整体提升管理能力，确保中层管理者后备培养项目的"出苗率"，为企业业务发展输送技术管理人才。

10.5　一岗多能导师制项目

某企业是一家以水务管理为主体，污水处理、综合能源、智慧服务等业务协同发展的合资公司、高新技术企业，是国内水务行业智慧运营的先行者，其安全的运营、优质的服务处于行业领先水平。

随着企业的精细化管理程度越来越高，在人才管理上也不断追求高效。为打造出一支"激情、多元"的技能队伍以支持业务发展，管理层提出技能员工需要一岗多能，即在一个岗位上的员工需要具备多个岗位的技能，以适应人员在同一公司或不同公司之间的调配之需。

随即，该企业在集团层面成立了"一岗多能"项目小组，期望通过嵌入结构化在岗培训的导师制来实现专业技能在不同技能人才之间的复制。在与集团分管高管达成共识后，项目小组总体的思路和实现路径如下。

1．梳理集团内不同公司所有技能岗位，分解各岗位的工作任务；整理、合并、提炼典型工作任务，形成集团内通用的任务单元。

2．在全国范围内，认证各任务单元的操作能手，这些操作能手被默认为该任务单元的带教导师，承担着对其他员工进行带教辅导、考核、认证的职责；同时发布导师激励措施，对优秀导师进行集团层面的认可。

3．梳理一岗多能人才需求，明确被辅导者及其需要学习的任务单元，并与对应的任务单元带教导师进行配对。由于师徒关系被拆分到任务单元，因此会出现基于不同任务单元而互为师徒的现象。由于师徒关系比较错综复杂，师徒配对以"本地配对"为原则，并选择某些技能人才比较全面的分/子公司为试点，再在全国范围内进行推广。

4．基于各个任务单元，组织绩优操作能手开发出结构化在岗培训的内容模块，形成生产部员工在岗培训的内容手册合集，一方面确保各个分/子公司对同一个需求的学习内容标准化，另一方面让带教导师对徒弟进行辅导时教学内容有据可依，解决了导师"教什么"的问题。同时，该手册合集也成为集团分派带教辅导任务、跟踪带教辅导进度、考核带教辅导效果的重要抓手。

5．对试点分/子公司中各任务单元的带教导师进行全面赋能，除了着重专业技能的"教什么"，即手册如何使用，以及"怎么教"，即专业技能的带教流程和技巧的讲授、练习，还需要在赋能过程中激发导师的动机，同时帮助其学习激发徒弟学习动机的技巧，确保被辅导者动力充足，技能扎实。

6．组织全国一岗多能大赛，选取掌握技能最多、最扎实的拔尖人才进行表彰。

试点项目结束后，该企业在专业技能标准化、专业技能快速复制等方面都取得了重大进展，并培养了一批一岗多能的人才。项目小组经过项目复盘和迭代，将成功经验在全国各个分/子公司进行推广，逐步实现了整个集团的一岗多能。

附录 8个工具表单

附录1 导师自荐表

姓名		部门		
现任岗位		性别		
任职年限		专业资质		照片
技术方向、专长及成就				

工作履历	起止时间	公司/部门	担任职位	主要工作内容
	年 月 — 年 月			
	年 月 — 年 月			

导师相关的培训及实践经历	起止时间	培训主题或实践经历	培训考核成绩或实践成果
	年 月 — 年 月		
	年 月 — 年 月		

导师资质自我评估:请为对应的描述勾选出你认为最符合关于你本人情况的选项	1. 我对本职工作尽职投入、敬业付出	完全不同意	不同意	同意	完全同意
	2. 我关心公司,希望公司发展得越来越好	完全不同意	不同意	同意	完全同意
	3. 我认同公司文化,热心传扬公司文化	完全不同意	不同意	同意	完全同意
	4. 我喜欢与人建立关系,喜欢与人交流	完全不同意	不同意	同意	完全同意
	5. 我喜欢与人分享自己的经验、专业和见解	完全不同意	不同意	同意	完全同意
	6. 我愿意花时间且有耐心帮助他人成长	完全不同意	不同意	同意	完全同意
	7. 我比较容易从帮助他人成长中获得价值感	完全不同意	不同意	同意	完全同意
	8. 我喜欢不断学习,寻求自我改变和突破	完全不同意	不同意	同意	完全同意
	9. 我重视专业,并喜欢展示专业	完全不同意	不同意	同意	完全同意
	10. 我能够比较轻松地完成本职工作,并取得不错的成果	完全不同意	不同意	同意	完全同意

自荐理由	

本人承诺以上信息均真实有效。　　　　　　　　自荐人签字:　　　　　　　年　月　日

自荐人部门意见:
自荐人填写信息属实,同意申请。

业务部门负责人签字:　　　　　　　年　月　日

附录2 导师推荐表

被推荐人信息					
姓名		部门			
现任岗位		性别			
技术方向、专长及成就					
导师资质评估：请为对应的描述勾选出你认为最符合关于被推荐人情况的选项	1. 被推荐人对本职工作尽职投入、敬业付出	完全不同意	不同意	同意	完全同意
	2. 被推荐人关心公司，希望公司发展得越来越好	完全不同意	不同意	同意	完全同意
	3. 被推荐人认同公司文化，热心传扬公司文化	完全不同意	不同意	同意	完全同意
	4. 被推荐人喜欢与人建立关系，喜欢与人交流	完全不同意	不同意	同意	完全同意
	5. 被推荐人喜欢与人分享自己的经验、专业和见解	完全不同意	不同意	同意	完全同意
	6. 被推荐人愿意花时间且有耐心帮助他人成长	完全不同意	不同意	同意	完全同意
	7. 被推荐人比较容易从帮助他人成长中获得价值感	完全不同意	不同意	同意	完全同意
	8. 被推荐人喜欢不断学习，寻求自我改变和突破	完全不同意	不同意	同意	完全同意
	9. 被推荐人重视专业，并喜欢展示专业	完全不同意	不同意	同意	完全同意
	10. 被推荐人能够比较轻松地完成本职工作，并取得不错的成果	完全不同意	不同意	同意	完全同意
推荐理由					

推荐人签字： 年 月 日

项目小组意见：

推荐人填写信息属实，（ ）同意/（ ）不同意推荐。

项目小组负责人签字： 年 月 日

附录3 导师选拔评估表

候选人姓名		候选人所在部门	
第一部分：资质审核			
1. 岗位绩效	（ ）通过		（ ）不通过
2. 专业资质	（ ）通过		（ ）不通过
3. 导师相关的学习经历	（ ）通过		（ ）不通过
4. 导师相关的实践经验	（ ）通过		（ ）不通过
第二部分：面试或竞聘评估			
1. 对本职工作尽职投入、敬业付出	（ ）是	（ ）否	（ ）不确定
2. 关心公司，希望公司发展得越来越好	（ ）是	（ ）否	（ ）不确定
3. 认同公司文化，热心传扬公司文化	（ ）是	（ ）否	（ ）不确定
4. 喜欢与人建立关系，喜欢与人交流	（ ）是	（ ）否	（ ）不确定
5. 喜欢与人分享自己的经验、专业和见解	（ ）是	（ ）否	（ ）不确定
6. 愿意花时间且有耐心帮助他人成长	（ ）是	（ ）否	（ ）不确定
7. 比较容易从帮助他人成长中获得价值感	（ ）是	（ ）否	（ ）不确定
8. 喜欢不断学习，寻求自我改变和突破	（ ）是	（ ）否	（ ）不确定
9. 重视专业，并喜欢展示专业	（ ）是	（ ）否	（ ）不确定
10. 能够比较轻松地完成本职工作，并取得不错的成果	（ ）是	（ ）否	（ ）不确定
11. 了解带教辅导的流程，对带教辅导有一定的认知和理解	（ ）是	（ ）否	（ ）不确定
12. 沟通中能够专注、耐心、不带偏见地倾听	（ ）是	（ ）否	（ ）不确定
13. 沟通中能够提出开放程度高的问题	（ ）是	（ ）否	（ ）不确定
14. 沟通中能够及时给出具体的、基于行为的反馈	（ ）是	（ ）否	（ ）不确定
第三部分：综合意见			

综合评价：
_____

同意 / 不同意（请圈选）_____成为导师。

评委签名：　　　　　　　　　　　　　　日期：　　年　　　月　　　日

附录4 "新员工导师带教辅导技巧"课程大纲

模 块	培 训 内 容	授课方式	授课时长
引言 增进了解，营造学习氛围，了解课程教学目标和课程的意义，树立达成学习目标的信心	■ 破冰游戏：互相认识 ■ 课程目标及课程模型 ■ 导师及导师制来源 　● 导师 　● 导师制 　● 师徒制 ■ 在岗培训与结构化在岗培训 　● 案例分析：到底是谁错了	互动游戏、课堂讲授、案例分析	1 小时
一、启航：导师的角色定位 知其然而不知其所以然是无法真正做好导师的，只有解决了"为什么"的问题，才能调动导师的主观能动性，发挥导师的作用	■ 带教的含义 ■ 导师的角色 　● 视频学习：师父起到了哪些角色的作用 　● 体验游戏：从学员的视角看导师的角色 ■ 导师的价值 　● 研讨：带好徒弟的价值 ■ 小结：好导师的标准	课堂讲授、视频学习、体验游戏、小组研讨	1 小时
二、授业：开发带教辅导内容 带教内容是实施带教的法宝，开发并熟悉带教内容可以帮助导师更有效地带教，解决"教什么"的问题	■ 案例场景导入及案例分析 　● 场景一：收到一名徒弟 　● 场景二：带教从哪里开始 ■ 工作任务分析 ■ 带教手册开发	课堂讲授、案例分析、工作坊研讨	1 天版本：1 小时 2.5 天版本：8 小时
三、授业：基于业务技能的带教辅导 基于业务技能的带教辅导是带教新人过程中的高频事件，掌握核心技巧能帮助导师高效地带教，解决"怎么做计划""怎么教""怎么考核"的问题	■ 案例分析 　● 场景三：第一次正式会面 ■ 导师和徒弟第一次会面 ■ 岗位辅导计划的制订 　● 角色扮演：导师和徒弟的第一次会面 ■ 案例分析 　● 场景四：专业技能带教 ■ 基于业务技能辅导流程 　● 体验游戏：教人如何折飞机 　● 第一步：带教准备 　● 第二步：实施带教 　● 第三步：带教总结 　● 第四～五步：带教跟进及考核 ■ 导师与徒弟的定期会面	课堂讲授、案例分析、角色演练、体验游戏	2.5 小时

（续表）

模　　块	培 训 内 容	授课方式	授课时长
四、解惑：倾听、提问、反馈 　　熟练使用教练技术，让导师高效地解答带教过程中徒弟的各种疑惑，同时帮助导师和徒弟建立深层关系	■ 研讨：导师的高效行为和低效行为 ■ 空杯倾听 　● 倾听三层次 　● 倾听 3R 步骤 ■ 精准提问 　● 提问的价值 　● 好的问题与不好的问题 　● 提问流程 ■ 镜子反馈 　● 积极性反馈 　● 发展性反馈 　● 反馈练习	课堂讲授、 技能练习、 小组研讨	2 小时
五：传道：文化、心态、职业方向 　　在思想上与徒弟建立连接，为徒弟带来更高层次的指导，更长远地帮助徒弟成长	■ 案例分析 　● 场景五：徒弟闹情绪了 ■ 传承企业文化 　● 文化与企业文化 　● 企业文化的作用 　● 如何传承企业文化 ■ 调整职业心态 　● 研讨：徒弟有情绪的原因 　● 帮助徒弟调整职业心态的工具 ■ 指导职业方向 　● 职业发展通道 　● 帮助徒弟提升能力的方法 　● 职业方向指导技巧 ■ 角色扮演：技巧的运用	课堂讲授、 技能练习、 小组研讨、 案例分析	2 小时
课程总结 促进课后应用	■ 要求一：学以致用 ■ 要求二：经常检测带教辅导的有效性 ■ 要求三：把带好徒弟当作导师的使命	课堂讲授	0.5 小时

附录5　"管理者后备导师辅导技巧"课程大纲

模　　块	培 训 内 容	授课方式	授课时长
引言 　　增进了解，营造学习氛围，了解课程教学目标和课程的意义，树立达成学习目标的信心	■ 破冰游戏：互相认识 ■ 课程目标及课程模型 ■ 导师及导师制来源 　● 导师 　● 导师制 　● 师徒制	互动游戏、课堂讲授	0.5 小时
一、启航：导师的角色定位 　　知其然而不知其所以然是无法真正做好导师的，只有解决了"为什么"的问题，才能调动导师的主观能动性，发挥导师的作用	■ 导师的角色 　● 视频学习：师父起到了哪些角色的作用 ■ 导师的价值 　● 研讨：带好徒弟的价值 ■ 师徒关系的建立 　● 角色扮演：导师和徒弟的第一次会面 ■ 小结：好导师的标准	课堂讲授、视频学习、体验游戏、小组研讨	1.5 小时
二、授业：规划辅导内容 　　带教内容是实施带教的法宝，规划辅导内容可以帮助导师更有效地辅导，解决"教什么"的问题	■ 设定职业发展目标 ■ 多维度了解徒弟现状 ■ 发展内容和方式的选择与确认 　● 练习：共同规划提升内容	课堂讲授、角色扮演	1 小时
三、解惑：倾听、提问、反馈 　　熟练使用教练技术，让导师高效地解答带教过程中徒弟的各种疑惑，同时帮助导师和徒弟建立深层关系	■ 研讨：导师的高效行为和低效行为 ■ 空杯倾听 　● 倾听三层次 　● 倾听 3R 步骤 ■ 精准提问 　● 提问的价值 　● 好的问题与不好的问题 　● 提问流程 ■ 镜子反馈 　● 积极性反馈 　● 发展性反馈 　● 反馈练习	课堂讲授、技能练习、小组研讨	2 小时
四：传道：心态调整和经验分享 　　在思想上与徒弟建立连接，为徒弟带来更高层次的指导，更长远地帮助徒弟成长	■ 调整职业心态 　● 研讨：徒弟有情绪的原因 　● 帮助徒弟调整职业心态的工具 ■ 角色扮演：技巧的运用	课堂讲授、技能练习、小组研讨	0.5 小时
课程总结 促进课后应用	■ 要求一：学以致用 ■ 要求二：经常检测辅导的有效性 ■ 要求三：把带好徒弟当作导师的使命	课堂讲授	0.5 小时

附录 6　基于嵌入 S-OJT 的导师制项目 AD^{5}SE 模型的过程评估表

评分说明：请使用 1～10 分为每个项目赋分，10 分为最高分，1 分为最低分。

阶　　段	步　　骤	评　　分
一、获取共识	1．确认人才需求：为项目明确了所要满足的关键人才需求	
	2．获取高管支持：与高管就项目的范围、价值和目标达成了共识，并取得了高管的支持	
	3．编写项目目标宣言：组织利益相关方一起编写了项目目标宣言，明确了项目成功的标准	
二、编写导师管理制度	1．导师的选拔制度明确了导师的职责和要求，导师招募流程符合企业现状	
	2．导师的任用管理制度合理、落地性强	
	3．导师的发展通道和认证标准清晰，培养规划完整且易于执行	
	4．导师的激励制度对导师起到了激励作用	
三、设计导师制项目	1．项目整体设计：项目周期合理，项目类型选择恰当，师徒匹配的原则和方式符合现状，活动设计考虑全面且有亮点，项目整体清晰	
	2．项目进度管理：时间目标和规划合理	
	3．人力资源、干系人及沟通管理：人力资源配备合理，干系人识别到位，沟通策略清晰	
	4．项目风险管理：风险识别到位且制定了预防措施	
四、启动导师制项目	1．仪式强化：项目的前、中、后期都注重仪式感，各环节流程完整，时长设置合理，起到了强化仪式的作用	
	2．领导率先：项目小组在认知、行为和表率各层面都能影响领导对项目的重视、参与和投入	
	3．标杆示范：项目小组重视标杆、建立标杆、宣导标杆	
	4．培训宣导：项目小组规划并进行了导师文化的培训宣导工作	
五、开发导师手册	1．能力任务分析：为导师手册的开发工作进行了科学、系统的岗位任务或层级能力分析	
	2．手册内容编写：编写了导师带教辅导内容，为导师带教辅导提供了明确的指引	
六、赋能师徒	1．导师技能培养：重视导师赋能，如期开展导师赋能培训，跟踪培训效果，后续采取了强化赋能活动	
	2．徒弟技能培养：重视徒弟赋能，开展了各种徒弟赋能活动并进行了效果跟进	
七、跟进及提供支持	1．进度跟进公布：按计划实施了带教辅导进度的跟进和公布，跟进覆盖率达 100%	

阶　　段	步　　骤	评　　分
七、跟进及提供支持	2．提供项目信息：使用符合企业现状的资源和渠道，为师徒及时提供全面的项目信息	
	3．进行疑问解答：使用符合企业现状的资源和渠道，为师徒提供实时的答疑	
	4．建立支持系统：使用符合企业现状的资源和渠道，为师徒提供所需的情感支持	
八、评估并改善导师制项目	1．评估项目成果和过程：对项目开展了成果和过程评估	
	2．评选优秀师徒：公平公正地评选了优秀师徒，并进行了颁奖，落实了激励措施	
	3．制订持续改善计划：为未来同类型项目制订了持续改善的计划	
综合评语	项目整体亮点： 项目不足之处： 主要提升建议：	平均分：
评估人签名：	年　　　月　　　日	

附录7　被辅导者对导师的评估表

为了进一步改善我司导师制项目的设计与运营，请根据你与导师互动的实际情况，对你的带教导师在整个带教辅导周期内的表现进行评估。

评分标准：描述完全符合——10分；描述完全不符合——1分。

评 估 内 容	评　　分
1. 导师与我一起制定了辅导期内的目标和学习计划	
2. 我提前知道了每次辅导的具体时间、地点和所需工具	
3. 每次辅导前，导师都向我说明和演示本次学习内容	
4. 每次辅导过程中，导师都会给我举多个与本次学习内容相关的例子	
5. 每次辅导过程中，导师都会让我说明并练习全部训练内容，还让我指出内容中的关键注意事项	
6. 每次辅导过程中，导师都会就重要的学习内容让我重复举例或尽量举出新的例子	
7. 每次辅导过程中，导师都会密切地观察我实际操作的每一步（如需要），并给出相应的反馈意见	
8. 每次辅导过程中，导师都会清楚地解答我提出的问题	
9. 每次辅导结束前，导师都会为我做本次学习内容的全面总结	
10. 每次辅导结束前，导师都会让我对本次学习内容做出全面的总结	
11. 每次辅导结束后，导师给我的评价都准确地反映了我的学习情况	
12. 导师会实时了解我的工作状态和各方面的想法	
13. 导师会花时间倾听我的困扰和困难	
14. 导师在辅导过程中的提问能启发我思考	
15. 导师能根据我的实际情况给出适合我的反馈和建议	

学员签名：

日期：

附录8　导师自我评估及提升表

亲爱的导师：

为帮助您更清晰地了解您的带教辅导能力，并不断提升自身的带教辅导技巧，请使用此表格进行 360°评估，并基于您了解的情况制订相应的提升计划。

第一部分：自评

请如实回答以下问题：

序号	问　　题	回答（请描述亮点或不足）
1	我是否明确且没有歧义地向徒弟传递了业务或操作应该到达的结果	
2	我是否清楚地说明了操作的步骤、要点和标准	
3	我是否不带主观评判地倾听了徒弟内心的诉求	
4	我是否通过提问帮助徒弟找到了问题的根本原因和解决方案	
5	我是否有及时给予徒弟基于行为的具体反馈	
6	我是否有从徒弟的角度看待他所面对的问题	
7	（如需要，请补充其他问题）	

第二部分：他评（一）

请向您的上级、同级和外部合作伙伴提出以下问题：

序号	描　　述	回答（请对方描述亮点或不足）
1	您觉得我说的事情给徒弟传达到位了吗？请举例说明	
2	您觉得我这样进行带教辅导，效果会好吗？为什么	
3	您觉得我的徒弟在过去一段时间有什么变化吗？请举例说明	
4	您觉得我的徒弟对带教辅导是否有积极接受？请举例说明	
5	请告诉我，在带徒弟上我有什么需要改进的地方	
6	（如需要，请补充其他问题）	

第三部分：他评（二）

请向您的被辅导者提出以下问题：

序号	描　　述	评分
1	你对我讲的哪些话印象最深刻	
2	你觉得我做的哪些事情对你最有帮助	
3	和我沟通后，你是否做过和之前有所不同的事情？具体是什么事情	
4	我的带教辅导对你哪些方面有帮助	
5	（如需要，请补充其他问题）	

第四部分：带教辅导能力提升计划

优势	待提升点	提升目标	提升行动计划	所需支持
1.	1.	1.	1.	1.
2.	2.	2.	2.	2.
3.	3.	3.	3.	3.

备注：以上内容描述应尽量符合 SMART 原则（具体的、可衡量的、可达成的、相关的、有时间限制的）。例如，需要具体地描述优势、待提升点和提升目标，行动计划需要有时间节点的限制，等等。

参 考 文 献

[1] 罗纳德·L. 雅各布斯. 结构化在岗培训[M]. 胡丽，崔连斌，译. 南京：江苏人民出版社，2016.

[2] 侯士庭. 师徒之道：跟随真正的导师[M]. 吕素琴，译. 上海三联出版社，2015.

[3] 詹姆斯·唐纳德·柯克帕特里克，温迪·凯塞·柯克帕特里克. 培训审判：再造职场学习保持与时俱进[M]. 崔连斌，胡丽，译. 南京：江苏人民出版社，2012.

[4] 詹姆斯·唐纳德·柯克帕特里克，温迪·凯塞·柯克帕特里克. 柯氏评估的过去和现在：未来的坚实基础[M]. 崔连斌，胡丽，译. 南京：江苏人民出版社，2012.

后 记

　　十多年前，我还在某企业做一名培训管理工作者，当时我所在的企业逐步搭建了相对完善的内训管理体系，企业内部的培训师和业务骨干主要参与企业新员工集中培训、市场部的日常业务知识培训。在当年的内部培训需求调研中，我发现企业技术部门的培训有一个普遍的现象：一方面，长期以来，对技术部门员工的培训通常都是上级公司安排技术员去参加供应商组织的产品技术培训，而这类培训的名额又是有限的，甚至一个分公司只有一个名额；另一方面，技术岗位员工人数较少，专业技术、技能培训不适宜在分公司内部开展集中面授。面对如何将技术部门的技术、技能在企业内部得到快速和有效的复制、传承，我首先想到的就是在岗培训，并在同年针对技术部门的 4 个岗位开展了"传帮带"形式的在岗培训项目。在项目的设计和开展过程中，我努力地在线上和线下查找开展导师制的相关资料或图书，但信息都非常凌乱和稀少，于是我更多地运用了过去内训项目的实施经验。可想而知，在项目开展过程中，我们经历了很多挑战，也踩到了很多"坑"，在项目跌跌撞撞地实施了 2 个多月之后，最终"流产"，无声无息地结束了。然而，心中的不甘促使我后来一次次地改进在岗培训的实施环节。直到 2014 年，我在网上搜索到了关于 S-OJT 的资料，这似乎打开了我的脑洞，结合过去在企业内部开展的在岗培训经验，我豁然开朗：原来在岗培训可以以系统化、结构化的项目形式开展！但由于工作岗位的调整，之后我未能在原企业开展S-OJT，未能成功地开展一场 S-OJT 项目也成了我心中的遗憾。

　　2019 年，我结识了吴穗敏老师，当我知道她一直从事 S-OJT 的深度研究并助力企业开展实施工作的时候，我激动而鲁莽地向她提出了学习 S-OJT 导师制开展技术的请求。幸运降临在我身上，吴穗敏老师同意了我的请求！基于对我过往培训工作经验和能力的认可，吴穗敏老师邀请我参加了由她主导的多个嵌入

S-OJT 导师制项目。在这些项目中，我迅速积累了项目的成功经验，并在导师线上赋能环节挑起重担。

我从未正式向吴穗敏老师拜师，但在我心目中，她就是我的导师，是 4 年来引领我、指导我、鼓励我、包容我的导师。我很荣幸能有一位这样的导师。而今，她把她数十年来为企业开展导师制的经验积累编撰成书，供更多企业的人才培养工作者参阅，并让我有机会尽自己的绵薄之力为本书增添少许笔墨，这让我倍感荣幸。

本书被命名为《企业导师制实操指南》，顾名思义就是从实操中来，到实操中去。亲爱的读者们，感谢你们选择本书，将书中的知识运用到导师制的实操中吧！相信你们一定会有所受益！

秦文靖

作者寄语

当你读完本书,正在思考如何把书中所学应用到实际工作中的时候,可以从更宽的角度来看,导师制在整个企业的人才发展价值链条上处于什么位置、能发挥怎么样的作用。

以下用促进组织持续发展的 T+P 模型来回答以上这两个问题。

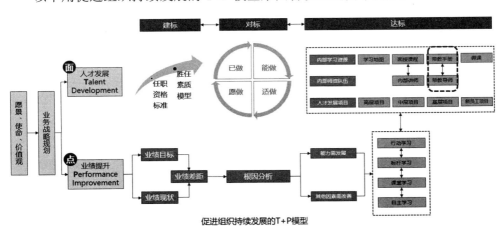

促进组织持续发展的T+P模型

T+P 模型是我基于多年的人才发展实践而研发的。一般来说,任何企业都有它的使命、愿景和价值观,这是根基;企业也需要业务战略规划来指引它的业务方向。

然而,所有的战略都需要人来实现。如果要使人的能力支撑战略目标的实现,则可以通过结合点和面来综合提升人的能力。

从人才发展(Talent Development)这个面的层面,可以从建立岗位的胜任标准或任职标准开始,到从已做、能做、适做、愿做四个维度对岗位上的人员进行测评,在发现能力短板后对人员的能力进行发展。基于人才标准建设的学习地图就能很好地指引达标环节所要采取的行动。

从业绩提升（Performance Improvement）这个点的层面，可以直接分析业绩目标和业绩现状之间的差距，根据差距进行根因分析，分别找到能力和非能力两个方面的提升点，通过业绩提升项目来在改善业绩的同时提升能力。

无论是从点还是从面的角度来看，这都经过了建标、对标、达标三个阶段，我把它称为人

才发展三部曲。通过三部曲，让人才发展有据可依，并形成闭环，提升人才能力和组织能力。

导师制在这个价值链上的哪个位置呢？

在达标阶段，导师带教是一个不可或缺的培养方式。

所以，当聚焦在导师制的实施时，则需要大家用更宽的视角去思考和规划。

吴穗敏